ニューオープンスポット！

東京

旅遊 新 情報

2024~25 最新版

Mika 著

知出版

U0061944

自序

「葛來分多加五十分！」

當我知道本書前作《東京旅遊新情報 2023 年版》在書展拿到十大暢銷書，又當編輯大人告訴我就快售罄的時候，我真的很想為自己大喊一聲「葛來分多加五十分」，再跑到街上大跳開心舞慶祝！

大力篤一下臉上的魚蛋……會痛！這真的不是夢嗎？3 年前出版第一本書時還是「居日菜鳥」，想不到今天會出版第三本關於日本的書，繼續分享東京的最新景點資訊，實在受寵若驚。

我不是自謙，雖然在東京已住了超過七年，但有時還是會在車站迷路，聽不清店員機關槍式的繞口令對白……還要學習的地方可多了。正因如此，我要更賣力去寫好我的第三個寶寶，百分百親身採訪，記錄當下感受，原汁原味呈上東京最真實一面（當然多加一兩個冷笑話是少不免的啦）。

跟上本書一樣，這是本旅遊書，但又不單單是一本旅遊書。希望它能成為你的翻譯年糕、指路明燈、睡前讀物、便秘戰友、親密伴侶……是旅伴才對！如果書入面有一個爛 gag 能成功逗你笑，我就老懷安慰了。

最後，我想謝謝一直包容我的編輯大人、YouTube Channel 的兩位拍檔、總是支持我的讀者和菇兒。如果你問我是甚麼原因令這本書得已面世，讓我可以通過文字認識你們，讓你們可以透過我去認識東京，那麼答案一定只有一個……

是愛啊！哈利！

Mika

東京分區地圖

池袋
p.90

豐島區

池袋 🚉

目白 🚉

高田馬場 🚉

中野區

高圓寺 🚉　　中野 🚉　　東中野 🚉

JR大久保 🚉　新大久保 🚉

西武新宿 🚉

新宿
p.70

新宿 🚉

原宿
p.32

明治神宮

原宿 🚉

下北澤

代代木
公園

下北澤
p.118

澀谷
p.46

澀谷 🚉

代官山 🚉

東京鐵道路線圖可掃
描下方 QR code。

目黑 🚉

五反田

荒川區

田端

駒込

巢鴨

大塚

西日暮里

日暮里

千駄木

鶯谷

文京區

根津

上野恩賜公園

台東區

淺草
p.132

淺草

神樂坂

上野

御徒町

稻荷町

晴空塔
→

飯田橋

水道橋

御茶之水

秋葉原

千代田區

東京
p.154

清澄
白河

皇居

東京

日比谷
p.170

日比谷

銀座

新橋

中央區

銀座
p.142

豐洲

豐洲
p.194

東京鐵塔

濱松町

台場
p.178

お台場海浜公園

品川

羽田
p.204

↘

東京交通加油站

入境前準備

填報 Visit Japan Web

Visit Japan Web QR Code

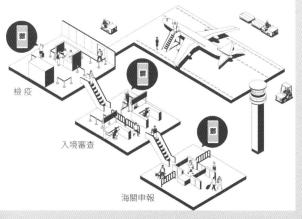

Visit Japan Web
入境手續的線上服務

檢疫

入境審查

海關申報

日本政府建議旅客在航班預定抵達時間的兩個星期至 6 小時前，透過提供辦理入境手續的「檢疫」、「入境審查」、「海關申報」的網上服務 Visit Japan Web 網站填寫資料，並獲得 QR Code，這樣過關時就可以「快速通關」！這個網上服務適用於成田國際機場、羽田機場，還有東京以外的關西國際機場、中部國際機場、福岡機場、新千歲機場、那霸機場都可以使用。

到達日本後，大家需要使用檢疫、入境審查和海關申報的 QR Code，機場工作人員建議大家先把 QR Code 截圖，以免因為網路大塞車而無法開啟。

市內交通

去旅行食買玩當然緊要，不過去之前，首先要學懂交通方法才有戲唱！東京交通的複雜程度並不是說笑的，就連我現在有時也會落錯車。不想一錯再錯就先弄清楚交通資訊再出發吧！

成田機場往返東京市區

京成 Skyliner

如果預算充足，而你的酒店又在日暮里站、上野站，或可以從這些車站輕鬆到達的地方，推介你乘坐京成 Skyliner。Skyliner 設成田機場站、機場第二候機樓站、日暮里站和上野站，從機場到日暮里最快 36 分鐘，到上野最快 41 分鐘。留意搭乘京成 Skyliner 必須購票（¥2570），即使用 IC 卡（交通卡），也需要另買一張特快票（IC 卡 ¥1257 ＋ 特快票 ¥1300），好處是又快又保證有位坐。

成田特快 N'EX

成田特快 N'EX 比京成 Skyliner 去到更多車站，例如東京、品川、澀谷、新宿等，同樣保證有座位，到東京最快 50 分鐘，車費為 ¥3070（價格有機會變動）。

高速巴士

乘坐高速巴士可以去到新宿等主要車站、酒店以至東京迪士尼渡假區等觀光地，大家可以視乎酒店決定。留意高速巴士的尾班車比電車早，如果太晚到機場就可能沒有巴士坐啦！

* 三者均可即場購票。Skyliner 和 N'EX 也可預先在官網或 KKday、Klook 等訂票，再在售票機或櫃枱兌換車票。

鐵路公司

JR

在東京最常見的交通方法就是鐵路，當中 JR、東京 Metro 地下鐵、都營地下鐵就是常見中的常見。JR 山手線相信大家都聽過，它是東京市中心的循環線，可以去到很多遊客常去的地區，例如東京、秋葉原、上野、日暮里、池袋、新宿、原宿、澀谷、品川。另外中央總武線可以去到吉祥寺，湘南新宿線可以去到橫濱、鎌倉、小田原等東京近郊，都是大家有可能用到的線路。

東京 Metro 地下鐵

東京 Metro 地下鐵是日本規模最大的私鐵公司，不少 JR 涵蓋不到的地方，乘地下鐵都可以去到。常用到的車站有淺草、押上、銀座、築地、六本木、表參道、神樂坂、日本橋等等。不過東京 Metro 地下鐵的車站內並沒有垃圾桶（沒錯，我喜歡坐 JR 就是因為車站內可以掉垃圾），呃，這算是哪門子的交通資訊啦（笑）！

JR 原宿站旁就是東京 Metro 的車站，但這個站並不叫作「原宿站」而是「明治神宮（原宿）」站。

都營地下鐵

都營地下鐵最常被人跟東京 Metro 地下鐵搞混，其實兩家地下鐵公司並不一樣，如果需要轉乘，是要出閘再入閘，重新計算車費，而且同名的車站並不在同一個月台，可能要行幾分鐘才到。都營地下鐵可以去到赤羽橋、日本橋、銀座、築地、目黑等地方。

除了以上三家常用的鐵道公司，還有百合海鷗號、京王電鐵、小田急電鐵、西武鐵道、東急電鐵等等，它們的站名跟 JR 和兩家地下鐵公司的站名可能十分相似，但位置卻不一樣，例如 JR 新宿站跟西武新宿站的地點就差了好幾分鐘路程，所以坐車時除了要留意地名，還要留意是哪家鐵路公司啊！

交通卡

東京常見的交通卡有 Suica 和 PASMO 兩種，跟八達通使用方法一樣，除了乘搭交通工具時可以拍卡，在不少便利店、夾公仔店等都可以使用。自 2023 年年中起，由於晶片短缺，PASMO 和 Suica 的實體不記名卡暫時都很難買到，要到東京、品川、澀谷、新宿、池袋或上野 JR 站碰碰運氣。

而遊客專用，有效期只有 28 天的紅色 Welcome Suica 也越來越少車站有發售，暫時只有成田機場站、機場第 2 航廈站、羽田機場第 3 航廈站的 JR 東日本旅行服務中心（駅たびコンシェルジュ），還有成田機場站、機場第 2 航廈站、羽田機場第 2 航廈和第 3 航廈站的 Welcome Suica 自動售賣機可以買到。不過如果大家以往有購入 Suica 實體卡，可以繼續使用，有效期是最後一次使用後的 10 年。

JR 東日本鐵路周遊券（東北地區）5 天：原價 ¥20000，新價格 ¥30000

JR 東日本鐵路周遊券（長野、新潟地區)5 天：原價 ¥18000，新價格 ¥27000

N'EX 東京去回車票：原價 ¥4070，新價格 ¥5000

JR 東日本．南北海道鐵路周遊券：原價 ¥27000，新價格 ¥35000

JR 東北．南北海道鐵路周遊券：原價 ¥24000，新價格 ¥30000

如果有 iPhone 就可以在 Apple Wallet 直接加入 Suica，過程毋須另外下載 App，亦不需要事先擁有實體卡，只要按步驟讀卡並使用 Apple Wallet 內其他信用卡或扣賬卡增值就可以使用。此外也可以用 Suica App 發行新卡或登錄舊卡，這樣就不用再在增值機增值，可以隨時隨地使用手機內的信用卡增值，省卻不少時間呢！

一日交通券

不少鐵路公司都有推出交通券，例如東京 Metro 地下鐵和都營地下鐵分別設有一日券，可當日無限次乘搭，同時又有兩家地下鐵公司一起推出的兩鐵聯乘一日券，大家可以看需要購買。百合海鷗號亦有一日券，去台場遊玩的話可以考慮是否購買。一日交通券都可即場在車站購買。

JR Pass

JR Pass 鐵路周遊券可於有效期內無限次乘坐指定路線，不過它在 2023 年 10 月大幅加價，而且購票、換票都要使用護照，大家要留意啦！

JR 東京廣域周遊券 3 天（伊豆、輕井澤、富士山、那須、橫濱等地區）：原價 ¥10180，新價格 ¥15000

車票可於 JR 東日本網路訂票系統／其他可靠的旅遊網站、旅行社等購買，再到 JR 東日本主要車站出示電子兌換券（部分或需要紙本憑證）和護照領取 JR Pass。如果來到日本才買，可以到 JR 各大車站（太小的車站不行喔）的綠色窗口購買，另外如果看到可以讀護照的售票機也可以用售票機購買。

新幹線新規矩

來日本旅行當然會帶大行李噏，不過自 2023 年 5 月開始，坐部分新幹線時如果有 3 邊合計超過 160cm～250cm 的行李，就算是特大行李（即是無法帶上飛機的行李），就要在購票時預約特大行李放置處。如果沒有預約卻把行李放在行李架，又或者將大行李隨便亂放，會被車務人員「抓包」，可能要臨時支付 ¥1000 手續費！此外以前新幹線的小餐車服務已經成為絕唱，以後想吃便當、零食、喝酒等等，都要在上車前買好啦！

交通 App

Yahoo! 乘換案內

日本有不少搜尋交通方法的 App，我就一向用 **Yahoo! 乘換案內**，它可以一次過搜尋到巴士、鐵路、飛機等等交通方法，也對應以英文輸入地名搜尋，例如淺草的漢字「浅草」跟中文不同，如果直接輸入「淺草」就會無法檢索，這時候只需要輸入 "ASAKUSA" 就會出現「浅草」的選項，十分方便。此外亦可以留意 App 上會對應月台數字，只要去到車站找到對應月台就不用怕坐錯車。

除了 Yahoo! 乘換案內，也有很多人使用**乘換案內 NAVITIME**，兩個 App 基本上使用方法、功能和介面都十分相似，不過自己就覺得乘換案內 NAVITIME 太多 Pop up 廣告，趕着搜尋時有點不便，大家可以用用看覺得哪個比較適合。

GO / Taxi app for Japan

雖說鐵路巴士網相當發達，不過來到比較人少的地區還是有需要坐的士，這時先下載召的士 App 會方便得多。GO / Taxi app for Japan 能夠即時召喚的士，並提供英文介面，可以使用綁定了的信用卡戶口付款，非常方便。手機容量珍貴，有以上 2 個 App 基本上已經可以在東京打天下，餘下的用 Google Map 應該就無問題啦！

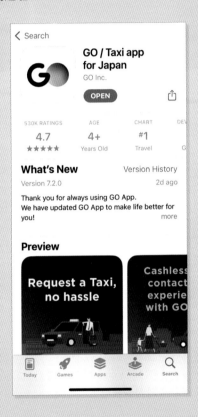

東京哈利波特影城

2023 年 6 月 OPEN

地 〒179-0074 東京都練馬区春日町 1-1-7
時 約 09:00~19:00（因日期而異）

2023 年對於東京所有巫師們最盛大的事件，一定非「東京華納兄弟哈利波特影城 Warner Bros. Studio Tour Tokyo - The Making of Harry Potter」的開幕莫屬。這個哈利波特影城是繼英國倫敦哈利波特影城後，**全球第 2 個、同時亦是亞洲首個哈利波特影城！**你說這是不是太棒了啊？嘿美？

購票篇

想踏進魔法世界一探究竟的麻瓜們記得要提前在網上買票（至少提早一個月），因為影城**不設現場購票喔！**

門票票價

成人（18 歲以上）¥6,300
中學生（12~17 歲）¥5,200
兒童（4~11 歲）¥3,800

哈利波特影城門票可以在官方網站購買，如果官方網站已經賣光，可以試試到 Klook、KKday 等網站碰運氣。買票時

可以選擇進入 Tour 的時間，在指定時間的一個小時前就能入場，例如下午 3 點可以進入 Tour，你下午 2 點就可以進入會場。Tour 外有餐廳、商店和戶外裝飾，想充分利用時間就早點來吧！如果你是哈迷就會發現影城內有很多細節可以慢慢欣賞，連吃飯購物在內只看幾小時根本不夠用，可以的話一定要選最早的時間入場！（師奶咪表示，反正錢又不會多收當然要早點去啦）

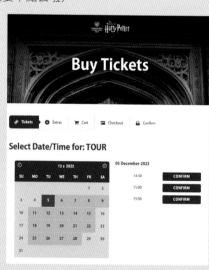

交通方法

想去哈利波特影城可以乘西武鐵道到**豐島園站**，走幾分鐘就到。此外又可以乘東京都營地下鐵大江戶線到豐島園站，步行 2 分鐘即可。不過作為資深老粉會建議乘西武鐵道前往，因為**西武鐵路推出了哈利波特主題列車**，整輛列車都印上哈利波特海報設計，坐上去前往影城的心情，相信就跟哈利每年暑假結束，可以坐上霍格華茲特快車的心情一樣開心又興奮吧！

哈利波特主題列車雖然漂亮，但班次很少又沒有固定時間表，時間很不好抓。如果真的很想坐，可以使用西武鐵道 App 查看班次，看到金探子標記就表示是哈利波特主題列車。不過即使坐不到主題列車也沒關係，因為豐島園站 1、2 號月台都化身成九又四分之三月台，以英倫紅色為主調，除了小火車，還有時鐘和進入魔法部時會用到的紅色電話亭，吸引不少哈迷打卡。不過在去影城的路上和影城裏面都有紅色電話亭，不用急着在這裏拍喔！

仔細看就會發現車站內就連樓梯、垃圾桶和汽水機都有貓頭鷹出沒！德思禮先生一定會被氣死（笑）。

全球最大
哈利波特商店

如果想在影城內穿着長袍拍照，就記得先買好再進 Tour 啦！長袍有免費印名服務，購買後拿着收據去服務台就可以印。不過留意印名需時，建議先印名，然後去吃個飯或者繼續逛街，拿到成品之後再進 Tour。

影城內的哈利波特商店是目前全世界最大的哈利波特商店，足足有 7000 種商品，哈迷應該要花一小時以上慢慢逛。這裏有不少東京影城限定商品，另外必買的還有可愛的造型頭箍、巫師長袍、魔杖等，這樣大家去逛 Tour 時就能更融入到魔法世界。

留意進入 Tour 之後一定要完成整個 Tour 才能回到商店（中間在九又四分之三月台有一間小商店），想買「裝身類」商品記得要先買！最後行完 Tour 後就可以買手信類商品，例如斜角巷的蜂蜜公爵糖果或其他禮物等等。提提大家這裏的缺貨問題很嚴重，如果看到心頭好所餘無幾，最好還是先乖乖課金，否則「蘇州過後無艇搭」。

這裏有不少原創魔杖，例如嘿美魔杖等，部分魔杖更可以印名呢！不過留意在這裏買的魔杖並不能在大阪環球影城互動遊戲中使用啊！

商店的設計和裝修加入了很多電影中不同場景，例如這個以魔法部為靈感的收銀處就是其中一個最佳例子。

主題餐廳

FROG CAFÉ（Tour 外）

FROG CAFÉ 是以魔法世界人氣零食「巧克力蛙」為主題的 Cafe，提供小蛋糕等甜點和飲料。值得留意 Cafe 內有兩個「巧克力蛙盒」的五角形打卡位，不過想坐就要碰碰運氣或者耐心等位才行啦！

The Food Hall（Tour 外）

哈利波特影城內共有 4 間餐廳，2 間在 Tour 外，2 間在 Tour 內，菜單各有不同，如果有特別想吃的餐點，就記得做足功課才去吃啦！The Food Hall 天花板上掛了懸浮蠟燭和學院旗幟，非常華麗，餐點主打在電影中出現過的正餐和甜點，例如九又四分之三月台餐點，就有印上了九又四分之三月台標誌的吐司、煙肉、香腸等等。

The Backlot Cafe（Tour 內）

喜歡嘿美的哈迷要注意啦！只有 The Backlot Cafe 有提供嘿美甜點，以忌廉蛋糕製作的嘿美非常精靈可愛，加上鳥籠造型誠意滿滿，是我最喜歡的影城餐點之一。此外 Cafe 也有以 4 個學院為主題的餐點，不過很多都有滿滿的青豆，我就不了……

Butterbeer Bar（Tour 內）

來到 Tour 中段就會見到露天的 Butterbeer Bar 奶油啤酒吧，它是全世界最大的奶油啤酒吧。雖說是奶油啤酒，不過**不含酒精**，味道就像是有濃郁焦糖泡沫的汽水，老實說真的甜到漏！還好喝完後可以將杯子洗乾淨帶回家留作紀念。

必看重點 & 打卡位置

哈利波特影城共有 15 個主題區，影城內的 **Tour 是單行參觀路線，走一趟大約要 4 小時**，如果時間有限，記得預留時間到以下地方啦！另外 Tour 中段才有餐廳和洗手間等，肚子太餓、膀胱弱弱的朋友記得先吃飽飽，去完洗手間才好開始逛 Tour。

霍格華茲餐廳

霍格華茲餐廳是《哈利波特》系列其中一個標誌性場景，魔法之旅就是從這裏開始！在大門打開之前，工作人員會邀請本月生日之星去推開大門，之後就會看到霍格華茲餐廳。餐廳內有超長餐桌、4 個學院和教授們的戲服、學院分沙漏，還有為了方便 CG 而沒有裝修的天花板和以約克石製成的地板等等，看點滿滿！

大理石移動階梯與畫像遊戲

哈利移動樓梯是只在東京哈利波特影城才有的大理石移動階梯場景，是我最喜歡的場景之一！在這裏可以參加互動小遊戲，只要掃描 QR Code，再選擇喜歡的畫作背景，站在綠幕前拍影片，就會在階梯旁的畫像裏看到自己的身影！影片可以經過 QR Code 下載留念，但留意影片裏的畫像沒有畫框，如果想留下自己成為畫像的樣子，就記得自己拍片拍照留念啦！

學院交誼廳

學院交誼廳在故事內出場次數非常之多，哈利、妙麗、榮恩聚在一起做功課、商量如何做「壞事」、為了寵物吵架等等，都發生在葛來分多交誼廳。影城內展示了葛來分多交誼廳的場景，可以看到古董般的家具、醒目的紅色梳化，還有演員的戲服。聽說因為這裏責任太舒適了，有時演員和工作人員還會在這裏休息呢！至於史萊哲林的交誼廳明顯有種冷冰冰的感覺，搞笑的是梳化上的角色竟然不是真正的高爾與克拉，而是在第二集《消失的密室中》喝下變身水後化身成高爾與克拉的哈利與榮恩。

霍格華茲圖書館

現在有甚麼不懂都可以馬上問全能的 Google 大神，不過在哈利波特的年代，學生們有甚麼不懂都要跑去圖書館找答案（當然如果你的好朋友是「萬事通」妙麗，或許可以省點時間和腳骨力）。影城中的圖書館雖然比故事中擺放上千個書架、存放成千上萬本書的規模小得多，但勝在有個逼真的佈景板可以打卡，拍出來效果很不錯啊！

佛地魔與娜吉妮

佛地魔與娜吉妮作為電影中的大反派，在影城內的「戲份」相對較少，不過個人就很喜歡這個娜吉妮圍着佛地魔的場景。不少戲服模型都是「無頭東宮」，但是這個佛地魔意外地「帥氣」，又不需要排隊打卡，拍起照來都特別入戲！

海格的小屋

Tour 的中間部分會有一些露天場景和餐廳，這些露天場景大多是「打卡名物」，當中很受歡迎的就有海格的小屋。這是三人組經常去蹓躂的地方，小屋外的大南瓜田令人聯想起第三集《阿茲卡班的逃犯》中準備處決巴嘴時的場景。從另一個角度看，小屋內部展示了海格的戲服、非常膽小的寵物狗牙牙、天花板上垂下來的各種籠子、工具，還有經常被偷看的小窗戶。另一邊有張大床，床上是用碎布拼接的被褥，上面還有 5 隻熊啤啤，會不會太可愛啦！

水蠟樹街 4 號

在哈利年滿十七歲之前，水蠟樹街 4 號就是哈利一直稱之為「家」的地方，儘管他萬分不願意。德思禮一家所住的水蠟樹街 4 號經常在故事的開端出現，影城就還原了第一集貓頭鷹信件和第二集瑪姬姑姑中了哈利魔咒後變成氣球的名場面。不得不看的當然還有樓梯下哈利那小得可憐的房間啦！

飛車與騎士公車

《哈利波特》故事中的交通工具都十分特別，露天廣場就展示了衛斯理先生的淺藍色福特安格里亞 105E 豪華版轎車和騎士公車！這兩架車都十分人氣，想合照就要乖乖排隊啦！很多人跟衛斯理先生的飛車拍照時都乖乖地坐在車內拍，結果因為玻璃反射根本看到不到人樣，如果你不怕尷尬可以學我假裝快要掉出車外的樣子，包保照片拍得好！

霍格華茲大橋

霍格華茲大橋是電影中其中一個很漂亮的地方，奈威發威趕退食死徒，哈利三人組在大結局的時候都是以大橋作為場景。影城中的「大橋」比想像中迷你，最多只能說是「小橋」，可是其復古質感很有味道，吸引超多人在橋上拍照。由於太多人了，要花超多時間才能（也許還是不能）拍到站在橋中間而又沒有太多路人的照片，建議從外面拍進橋中，放棄橫拍改為直拍，就易打卡得多啦！

九又四分之三月台與霍格華茲列車

九又四分之三月台是《哈利波特》系列最經典的場景之一，它位於倫敦王十字車站的月台，要大膽穿過第 9 月台和第 10 月台之間的路障才能到達。當初哈利就是在這裏遇上衛斯理一家，可說是非常重要的場所。順帶一提，

J.K. 羅琳之所以選擇王十字車站作為巫師前往霍格華茲的大門,是因為她的父母曾在從這裏開往蘇格蘭的火車上相見,為了紀念他們的相識而寫。在影城中大家可以假裝推着手推車穿過路障,還有跟霍格華茲列車合照。此外還可看到列車內的車廂還原了電影中不同場景,值得排隊一看。

魔法部

有多趕都好,記得預留時間在首次登場的魔法部!魔法部面積大約 900 平方米,樓底挑高10 米,以鮮明的紅色與綠色磁磚建成。留意中庭的雕像刻上了「魔法即是力量」,是佛地魔掌控魔法部期間才有的雕像,其壓榨麻瓜,展示巫師比麻瓜優越的傲慢姿態看得人火冒三丈!此外這裏還可以拍攝影片,重現通過壁爐和呼嚕粉到達魔法部的場景。只要跟從指示,就能拍出我們在煙霧中憑空現身的影片,好玩大推!只拍影片不夠喉?去另一邊的壁爐拍個夠吧!

魁地奇體驗

飾演哈利波特的演員丹尼爾·雷德克里夫曾打趣說:「來影城的話對魁地奇的幻想可能會破滅啊」,的確只要玩過影城內的魁地奇體驗(付費),會有點「幻想破滅」哈哈!這個體驗是讓大家坐在掃帚形的機動椅子上拍照和拍影片,椅子會上下左右搖晃,工作人員會配合畫面指引大家做出上升、躲避、歡呼等動作,最後就可以看到自己在掃帚上「飛行」的英姿啦!

斜角巷

斜角巷相信是其中一個大家最期待的場景,我第一次去的時候也很好奇到底甚麼時候會到斜角巷?(其實一進入影城已經有地圖只是我沒留意啦)想不到竟然幾乎在最後才看到。不過當看到兩旁色彩繽紛、充滿個性的商店,就覺得不枉此行。值得留意的商店有「衛氏巫師法寶店」,店家最上方有個正在掀帽子的男生(電影中還會有兔子會跳出來),前方就有衛氏孖寶弗雷和喬治在「看門口」。看過電影結局的都知道孖寶一起經營「衛氏巫師法寶店」的搗蛋時光有多珍貴……嗚嗚……請給我一疊紙巾,不,還是要一瓶「便秘仁」!

樂園特集 東京迪士尼

作為東京迪士尼樂園和東京迪士尼海洋的粉絲，好開心可以在我的東京旅遊書向大家傳「迪士尼教」（笑）。一來因為香港都有迪士尼樂園，不知道大家會不會因此減低去東京迪士尼的興致呢？二來其實它並不位於東京，而是千葉縣，不過要前往並不會太遠，只要看完這一篇，包保大家想馬上飛去東京迪士尼！

交通方法

除了開車前往，一般去東京迪士尼分為坐電車和坐巴士，各有各優點。

坐電車

無論你從甚麼站出發，基本上都可以坐電車到東京站，再轉 JR 京葉線 / JR 武藏野線到舞濱站，不過「一座難求」，大家要有心理準備全程「罰企」。來到舞濱站就換乘單軌電車「迪士尼渡假區線」，JR 舞濱站旁就是輕軌渡假區總站，第一站是迪士尼樂園站、第二站海濱站（住迪士尼酒店在這裏下車）、第三站迪士尼海洋，最後又回到迪士尼渡假區總站。

坐電車的好處是班次密，有機會比巴士快和便宜，視乎從哪裏出發。最重要是坐巴士不會經過迪士尼渡假區線的部分，坐電車就沒有這個問題啦！有時迪士尼園區單軌電車會有特別設計，車廂內外都是可愛圖案，還可以從米奇車窗看着迪士尼渡假區的超美建築，實在是未入園，先興奮！

迪士尼渡假區線經常會推出期間限定設計的 Free pass，想留念就不能錯過啦！

坐巴士

如果你一家大小，行李多多，建議坐巴士前往。坐巴士可以直達，沒有中途站，塞車的機會也很小。重點是巴士實行劃位制，一定有位坐。不過要留意，坐巴士不能事先在網上預約，**一定要親身來巴士站買票**。大家可以在售票機選「車票（今日出發的車次）」，再選東京迪士尼樂園或東京迪士尼海洋就可以了。由於有機會要排隊買票，建議早 15 分鐘來到車站，如果你在繁忙日子入園，就要再預鬆動一點啦！

如果不想早起到車站買票，但又不想玩完一整天太累要企足全程回市區，可以去程坐電車，回程坐巴士（注意部分路線如池袋尾班車較早開出），那就可以開心入園，舒適回家啦！

購買門票

買票前可以先上網查看 3 個月內的表演時間、各設施的維修保養日程等。之後就到購票方法啦！東京迪士尼目前並不接受現場購票，**必須事先在網上購買**。大家可以在 KKday 或 Klook 等網站購票，而我就習慣在官方網頁購買（每次最多 5 張），不過只能買到 2 個月內的門票，但往後日子的門票價錢、開園時間等等資料還是可以看到的。

2023年		2024年				
10月	11月	12月	1月	2月		

（單位：円）

日	月	火	水	木	金	土
26	27	28	29	30	1 ○ 8900	2 ○ 10900
3 ○ 9900	4 ○ 9400	5 ○ 9400	6 ○ 9400	7 ○ 9400	8 ○ 9400	9 ○ 10900
10 ○ 9900	11 ○ 9400	12 ○ 9400	13 ○ 9400	14 ○ 9400	15 ○ 9400	16 ○ 10900
17 ○ 9900	18 ○ 9400	19 — 9400	20 — 9400	21 — 9400	22 — 10900	23 — 10900
24 — 10900	25 — 10900	26 — 9900	27 — 9900	28 — 9900	29 — 10900	30 — 10900
31 — 10900	1 — 10900	2 — 10900	3 — 10900	4 — 9400	5 — 10900	

※ 2023年10月18日 15:20時点の状況です。

2023年10月

日	一	二	三	四	五	六
1(日)	2(一)	3(二)	4(三)	5(四)	6(五)	7(六)
8(日)	9(一)	10(二)	11(三)	12(四)	13(五)	14(六)
15(日)	16(一)	17(二)	18(三) 9:00-21:00 △ 8,900 日園	19(四) 9:00-21:00 △ 8,900 日園	20(五) 9:00-18:30 日園 ※請確認園區營運時間。	21(六) 9:00-21:00 ○ 10,900 日園
				9:00-21:00 ○ 8,900 日園	9:00-21:00 ○ 8,900 日園	9:00-21:00 △ 8,900 日園	9:00-21:00 ○ 10,900 日園
22(日) 9:00-21:00 ○ 9,900 日園	23(一) 9:00-21:00 ○ 9,400 日園	24(二) 9:00-21:00 ○ 9,400 日園	25(三) 9:00-21:00 ○ 9,400 日園	26(四) 9:00-21:00 ○ 9,400 日園	27(五) 9:00-21:00 ○ 9,400 日園	28(六) 9:00-21:00 ○ 10,900 日園
9:00-21:00 ○ 9,900 日園	9:00-21:00 ○ 9,400 日園	9:00-21:00 ○ 9,400 日園	9:00-21:00 ○ 9,400 日園	9:00-21:00 ○ 9,400 日園	9:00-21:00 ○ 9,400 日園	9:00-21:00 ○ 10,900 日園
29(日) 9:00-21:00 ○ 9,900 日園	30(一) 9:00-21:00 ○ 9,400 日園	31(二) 9:00-21:00 ○ 9,400 日園	1(三) 9:00-21:00 ○ 8,400 日園	2(四) 9:00-21:00 ○ 8,400 日園	3(五) 9:00-21:00 ○ 10,900 日園	4(六) 9:00-21:00 ○ 10,900 日園
9:00-21:00 ○ 9,900 日園	9:00-21:00 ○ 9,400 日園	9:00-21:00 ○ 9,400 日園	9:00-21:00 ○ 8,400 日園	9:00-21:00 ○ 8,400 日園	9:00-21:00 ○ 10,900 日園	9:00-21:00 ○ 10,900 日園

目前東京迪士尼門票採用浮動式票價，並於 2023 年 10 月 1 日開始加價了 T_T

最新一日券票價（截至 2023 年 12 月）：

成人：￥7,900~￥10,900
12~17 歲學生：￥6,600~￥9,000
小學生：￥4,700~￥5,600
3 歲以下：免費

價格上的差異是視乎入園日子是否日本的公眾假期、週六等等。另外如果是貴價門票，代表園區內遊客有相當數量，個人建議可免則免。

選好日子之後按進去，就會看到入園當日的情報，如開園和閉園時間（有時會提早閉園，一定要留意），如果你在幾天前才買票，還會出現天氣預告，好貼心（笑）。

預約餐廳

優先入席

優先入席（申請優先帶位）即是可以**事先預約餐廳的時間**，算是餐廳的 Fast pass。最好在 1 個月或之前就買好門票，然後在入園前 1 個月當天早上 10 點在東京迪士尼官方網站「搶飛」！雖然申請受理期間是用餐日前 1 個月的 10:00 至用餐前 1 日的 20:59，不過基本上一開放申請就會秒速被搶光光。如果事前申請失敗，也可以嘗試在入園當日上午 9 點再申請，看看是否有人取消預約，希望奇蹟能出現啦！

可以申請優先帶位的餐廳（東京迪士尼樂園）：

探險樂園： 藍海灣餐廳、水晶宮餐廳

世界市集： 北齋餐廳、中央大道咖啡餐館、東街咖啡餐館

可以申請優先帶位的餐廳（東京迪士尼海洋）：

發現港： 水平線海灣餐廳

美國海濱： S.S. 哥倫比亞餐廳、泰迪羅斯福歡飲廳、櫻花餐廳

地中海港灣：卡納雷托餐館、麥哲倫

餐飲秀餐廳預約

除了一般餐廳，東京迪士尼也有一些餐飲秀餐廳，除了吃飯還可以看表演。同樣申請受理期間是用餐日前 1 個月的 10:00 至用餐前 1 日的 20:59。或者在入園當日上午 9 點再申請，大家就抱着搶 $0 機票的覺悟去申請吧！

可以申請優先帶位的餐廳（東京迪士尼樂園）：

鑽石馬蹄餐廳： 鑽石綜藝總匯（2023 年 9 月開始的新表演）

波里尼西亞草壇餐廳：米奇七彩晚宴

可以申請優先帶位的餐廳（東京迪士尼海洋）：

鱈魚岬錦標美食： 達菲與好友的非凡友誼

最新 Pass 一覽

雖然已經習慣了叫 Fast pass，不過現在已經再沒有 Fast pass，取而代之是 DPA（迪士尼尊享卡）、Priority Pass、Standby Pass（預約等候卡）和 Entry Request。各種 Pass 都是**先到先得**，建議入園後第一件事就是馬上買 Pass 抽 Pass。想入手各種 Pass、知道目前自己位置和每個遊戲要等多久等等資訊，就一定要先下載 Tokyo Disney Resort App。

DPA（迪士尼尊享卡）

簡單來說就是用錢買時間、省體力的 Fast pass！只有**超人氣設施**會開放 DPA，機動遊戲價錢由 ¥1500～2000 不等。另外晚間巡遊同樣可以買 DPA，價錢為 ¥2500，不過即使買了 DPA 也不代表可以站到第一排（要更加尊貴的遊客才能站到），而且不買 Pass 只要早一點霸位也是看到巡遊的。

基本上購買一張 DPA 之後，要等一個小時才可以買第二張，不過如果是遊樂設施＋遊行表演／娛樂表演，就可以一次過買兩張，不用再等一小時啦！買 DPA 時可以指定想去遊玩的時段，然後在指定時段內到遊玩設施掃 QR Code。

留意！

購買 DPA **一定要用信用卡**！如果你的信用卡要用 SMS 認證，而你又沒有國際漫遊服務，那麼 DPA 可說是與你無緣。所以大家來日本前一定要先開辦電話國際漫遊服務，或者到銀行將 SMS 動態驗證密碼改成以 Email 接收，又或者暫時取消動態密碼驗證服務。不過最後一項比較高風險，個人還是比較推薦第一和第二項解決方法。

可以申請 DPA 的項目（東京迪士尼樂園）：
美女與野獸城堡 ¥2000、飛濺山 ¥1500、杯麵歡樂之旅 ¥1500

可以申請 DPA 的項目（東京迪士尼海洋）：
地心探險之旅 ¥1500、玩具總動員瘋狂遊戲屋 ¥2000、驚魂古塔 ¥1500、翱翔：夢幻奇航 ¥2000

Priority Pass

這是 2023 年 7 月推出的**免費 Fast pass**，可使用的設施跟 DPA 不同，以個人經驗而言，如果 DPA 是「超 Fast pass」，Priority Pass 就是「中 Fast pass」。Priority

Pass 可使用的設施比較多，但留意必須盡早抽，因為基本上到下午 2、3 點 Priority Pass 就會派完！DPA 買完之後 1 小時才能再買，而 Priority Pass 則是 2 小時後才能再抽。注意目前官方顯示這個 Pass 是期間限定，有機會隨時消失喔！

Entry Request

迪士尼表演一般每天會舉行 4 至 5 場，部分表演除了第一場可以排隊入場，其他都要用 Entry Request 靠運氣抽選登記，但是頗難抽中的。如果真的是非看不可，就晨早起床入園排隊啦！

Standby Pass

Standby Pass 主要用來**抽餐廳和商店**，餐廳人太多，或者部分商店有新商品推出時，就有機會用到。記得當 Linabell 登陸東京迪士尼海洋，早上 10 點就拿 Standby Pass，但竟然要下午 5、6 點才能進店！如果那天運氣好，不需要 Standby Pass 就能進商店買新商品，留意有機會一人在同一間商店只能付款一次，所以大家要一次過把想要的都買走，不能分幾次買喔！另外並不是每天都需要取 Standby Pass，如果 App 內 Standby Pass 那欄是空白，就代表只要排隊就可以進店和餐廳。

服裝穿搭

平日

如果有來過東京迪士尼，你會發現無論是大人小朋友都會精心打扮一番。最基本的穿搭就是以一位角色的配色作為參考，例如 Linabell 面世時，我就穿了淡粉紅色上衣，再配卡其色裙子，以配合 Linabell 的偵探服裝。當然頭箍絕對不可少，或者多添一個角色斜背袋和爆谷桶，就更有迪士尼氣氛。

夏季

在夏天特別是七夕時，不少日本妹子也會穿浴衣入園。我這套是迪士尼海洋專賣的 Duffy and friends 浴衣，裏面是吊帶連衣裙，再套上短外套，超容易就穿好！背後的蝴蝶結一早已經綁好，只要卡入腰帶就完成。

迪士尼萬聖節

2023 年是東京迪士尼睽違 3 年重新舉行 Cosplay 活動。眾所周知，除了小朋友，一般日子成人不可以穿成迪士尼角色人物入園，只有迪士尼萬聖節活動這一個半月除外！不過留意服裝有一些規則，例如裙擺不可以過長拖尾，泡泡裙不可以太闊（標準是能否通過入閘口）等等。如果你穿泡泡裙，可能就要放棄玩部分遊戲，因為坐起來實在太佔位子啦！

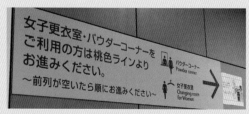

園內的洗手間並不附設更衣室，同時禁止遊客在洗手間內換裝。如果你要換比較繁複的服裝、弄頭髮，可以到舞濱站旁商場 3 樓的付費式更衣室，¥500 可以使用半小時。如果服裝很簡單，我是在新宿巴士總站的免費更衣室裏更換，然後直接坐通往迪士尼的巴士，個人覺得非常方便！

東京迪士尼樂園 VS 東京迪士尼海洋

我收過關於東京迪士尼最多的私訊，就是問哪個樂園比較好玩。這個問題，當然是小朋友才選擇，我兩個都去（還去超多次）！但如果兩個只能選一個，就根據這個去判斷：想去看城堡、喜歡米奇米妮等迪士尼人物、想帶小朋友玩不太刺激的遊戲，就去迪士尼樂園；如果你喜歡刺激的跳樓機、過山車，還有近年紅到不行的 Duffy and Friends，就去迪士尼海洋！

東京迪士尼樂園七個主題區

專屬迪士尼樂園的米奇花圃，東京迪士尼海洋並沒有的喔！花圃設計會按季節而異，好像照片中的就是萬聖節活動中穿了吸血鬼服的米奇。

世界市集

從正門一入園就來到 20 世紀初期美國的繁華街道，有點時光倒流的感覺。這裏主要販賣手信，還有賣氣球的演藝人員。

探險樂園

喜歡野生動物的大小朋友可以去玩「叢林巡航」（真的有夠繞口），坐上小船尋找加勒比海盜。在加勒比海盜隔岸有家「藍海灣餐廳」，想感受幽暗環境下的浪漫氣氛不妨考慮。另外這區的「水晶宮餐廳」非常人氣，有時要在入園前早一個月搶位，如果想去記得事前留意官網有甚麼安排啦！

對美國西部有興趣的話就可以去坐「西部沿河鐵路」。不過它是循環線，如果以為坐上它會去到另一個區可以省省腳骨力……天上才沒有餡餅會掉下來啦！努力走走走吧（笑）！

西部樂園

來到西部樂園不必多講，必玩的就是東京迪士尼三大山脈之一的「巨雷山」！此遊戲有身高限制（102cm），要確保隨行小孩夠高才好玩喔！

想靜靜坐着，吹吹「河」風，看看風景，可以坐典雅的蒸氣船「豪華馬克吐溫號」遊「美國」河一周，在腳骨力不足時不失為一良「舟」妙品。

動物天地

三大山脈之二「飛濺山」就坐落此區！這個遊戲身高限制 90cm，意味着刺激程度較「巨雷山」低，但好玩度不相上下。不過 Mika 必須提提你，雖然它名為「飛濺山」，但如果你剛好坐在第一二排，改名為「濕透衫」、「落湯雞山」也沒有違和感。所以如果你打算在園區內拍美照，我不太建議太早來報到，因為你的髮型會就此

崩塌。另外冬天很怕冷不想濕身的話，也要考慮清楚才好來喔！

夢幻樂園

我最推介的園區，因為這裏有仙履奇緣（灰姑娘）城堡、美女與野獸「城堡奇緣」兩座東京迪士尼樂園的標誌性城堡！此外小小世界非常得小朋友歡心，而 Mika 就很喜歡小飛俠飛天之旅，真的好像在星空飛翔。

仙履奇緣城堡打卡位

另外在城堡前的花圃拍照，可以把花圃和城堡旁的塔當背景，而且還有機會拍到雙層巴士（後右綠色）與城堡同框的畫面！

城堡右側有一條通往明日世界的橋，在這裏可以拍下完全沒路人的打卡照！從橋兩側會拍到森林中城堡的感覺，後方還會看到像護城河的小河流。

仙履奇緣童話大廳

很多人以為仙履奇緣城堡只是用來當拍照背景，其實仙履奇緣童話大廳是可以進去的喔！基本上這是拍照景點而非遊樂設施，以前可以抽選在這裏舉行婚禮，但 2024 年春天開始就會結束這項服務。

美女與野獸「城堡奇緣」

先不說粉色城堡有多美，遊戲也很高質，如果有預算是值得買 DPA 的。另外這裏還原了貝兒所居住的村莊，仔細留意就會找到水井等等意想不到的打卡位。

晚間的時候就更加要善用河流造成的城堡倒影，在城堡左邊通往西部樂園的橋上就可以拍出有完美倒影的城堡啦！

超級喜歡美女與野獸的爆谷桶！它四面的玻璃畫設計並不一樣，而且還可以着燈！晚上帶着它遊園真的非常漂亮。

米妮公館外面也有不少米妮裝飾，米妮粉絲當然不能錯過打卡機會啦！

夢幻樂園還有個必去打卡位，就是城堡旋轉木馬啦！建議在黃昏時分去拍照，就可以拍出後面華麗的電燈泡，但又不會因為太暗而把臉拍成「黑影人」。

卡通城

喜歡迪士尼經典卡通人物，又帶着小孩入園的你，卡通城絕對是你的理想王國。這裏有米妮公館、高飛遊漆屋、唐老鴨汽船等等，所有建築物都很卡通化，小朋友真的愛死這裏了。

明日樂園

明日樂園就像個未來世界，第三大山脈「太空山」就在這裏，不過由 2024 年某月起會關閉改建，暫定 2027 年再開放。這區目前最有人氣的遊戲是杯麵歡樂之旅，是全球迪士尼主題樂園首個以電影《大英雄天團》為主題的遊樂設施。

還有每次去都必玩的就是「怪獸電力公司 迷藏巡遊車」，怪獸電力公司的爆谷筒非常可愛，而且附近還有打卡位喔！

東京迪士尼海洋七個主題區

東京迪士尼海洋是**全世界唯一一個迪士尼海洋**，它的七個區域都是以海洋和港灣為主題，不少機動遊戲比迪士尼樂園更為**刺激**，更重要的是在香港和日本都爆紅的 **Duffy and Friends** 只能在東京迪士尼海洋才找到，如果你去迪士尼是為了跟 Duffy and Friends 相遇，一定要去「海洋」而非「樂園」啊！

而好買就在左邊第一間商店「迪士尼商店」，在這裏可以找到大部分 Duffy and Friends 商品，我每次都會在這裏買超多！它最接近園區的出入口，大家可以臨走前才來大掃貨。如果你跟我一樣一入園就忍不了手大買特買，可以到左邊的 Coin locker 放下戰利品再繼續玩。

至於好打卡除了迪士尼海洋標誌性的大地球、大火山，還有運河一帶。除了有威尼斯貢多拉遊船，同時也有大量打卡位。

樓梯下有 3 個小拱門，可以躲進裏面拍照。這個地方可說是運河一帶的「名景點」之一（笑）。

地中海港灣

入園後馬上就會來到地中海港灣，一個充滿浪漫懷舊風情的南歐港鎮，同時也是一個好買、好玩、好打卡的地方！好玩相信大家都猜到就是 2019 年開幕的遊戲「**翱翔：夢幻奇航**」，

想輕輕鬆鬆看巡遊？「挑戰李奧納多」塔頂絕對是看巡遊的秘點。這裏人流不多，不用在人頭與人頭之間找空隙看表演，也不用提早來佔位子，差不多開始巡遊前上來，就可以輕鬆看巡遊了。

美國海濱

美國海濱的鱈魚岬是 Duffy and Friends 的大本營，這裏有不少 Duffy and Friends 的打卡點和商店，餐廳「鱈魚岬錦標美食」就有 Duffy and Friends 的主題餐點和餐廳限定精品。

迪士尼海洋超人氣機動遊戲「驚魂古塔」就位於美國海濱。它屬於比較「溫柔」的跳樓機，身高夠102cm 就可以玩。晚上當升到塔頂時，樂園夜景一覽無遺，推介！

另一個必到的遊樂設施就是「Toy Story 瘋狂遊戲屋」，這個射波波遊戲真的超好玩！白天可以在「胡迪的口裏」打卡（有點《進擊的巨人》的視感），晚上就會亮起一個個電燈泡，美到不行啦！

發現港

發現港以未來世界的港口為主題，這裏有「迪士尼海洋電氣化鐵路」，讓大家回到「現在」和美國海濱，可說是懶人必坐電車。另外個人推介 Nemo & Friends SeaRider，它類似 4D 超動感影院，不是刺激遊戲，但是整個故事都很有趣。這個遊戲多數在晚上排隊人數會激減，如果會留到閉園前才走，可以臨走前才去。

失落河三角洲

跟發現港的未來世界主題相反，失落河三角洲就像去到古代的中美洲，叢林深處的古文明遺跡正在等你來發掘探險。這裏的乘搭式機動遊戲「印第安納瓊斯冒險旅程：水晶骷髏頭魔宮」非常人氣，不過我每次玩完都會屁股痛，可想而知會搖晃得多激烈啦！

憤怒雙神，一個會 360 度旋轉的過山車，有膽就來挑戰啦！

斜路旁的拱門窗可以拍到全身照，構圖好看。

神秘島

神秘島有「海底兩萬哩」和「地心探險之旅」兩個向下發展的遊樂設施，不算刺激和必去不可。餐廳都是主打中菜，想必大家不會太感興趣，加上這裏沒有甚麼超好看的打卡位……只能殘忍地說，如果時間有限，可以忍痛一Skip（有時間當然要來玩啦）。

美人魚礁湖

美人魚礁湖的遊樂設施相對兒童向，所以沒甚麼成人專程到此一遊。但其實這裏的珊瑚礁色彩艷麗，隨手一按便能拍出美照，是櫻花妹子最愛的迪士尼海洋人氣打卡位之一。加上美人魚礁湖的遊樂設施、商店和餐廳都建於室內，可以當作雨天後備行程。不過提提你小心咖啡杯轉得太厲害會樂極生悲啊（暈）！

阿拉伯海岸

阿拉伯海岸重現了《阿拉丁》中的王宮，一步進來心裏已經自動播放 "A whole new world" 背景音樂。這裏打卡點滿滿，大家更

有機會跟阿拉丁、茉莉公主相遇呢！此外這裏的咖喱飯挺好吃的，推介大家一試。

I'm donut？原宿店
GODIVA dessert 原宿店
3COINS 原宿本店
WITH HARAJUKU
@cosme TOKYO

妙圓寺

杉養蜂園

Flying Tiger

Apple Store 表參道店

A2

A1
Coach

山陽堂書店

A3

B5
表參道

- harajuku -

原宿

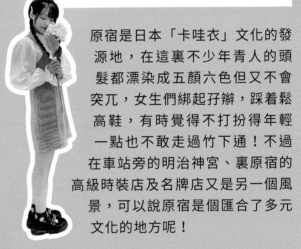

原宿是日本「卡哇衣」文化的發源地，在這裏不少年青人的頭髮都漂染成五顏六色但又不會突兀，女生們綁起孖辮，踩着鬆高鞋，有時覺得不打扮得年輕一點也不敢走過竹下通！不過在車站旁的明治神宮、裏原宿的高級時裝店及名牌店又是另一個風景，可以說原宿是個匯合了多元文化的地方呢！

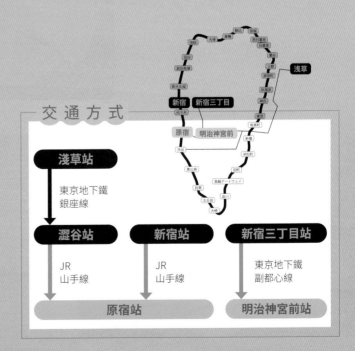

交 通 方 式

淺草站

東京地下鐵
銀座線

↓

澀谷站

JR
山手線

↓

新宿站

JR
山手線

↓

新宿三丁目站

東京地下鐵
副都心線

↓

原宿站

明治神宮前站

東京近來最大熱的甜點不得不提"I'm donut？"。I'm donut？是發跡於福岡的冬甩專門店，主廚平子良太原本在福岡開設麵包店 AMAM DACOTAN，2022 年在中目黑開設了東京第一家店之後，在澀谷又開了一家，到 2023 年連原宿、表參道都有分店，東京的冬甩版圖幾乎都是 I'm donut？天下！I'm donut？雖然有 4 間分店，但每間人流都非常多，星期六日去排 1 小時以上是等閒事，就算平日非繁忙時間都要排半小時以上，到下午 5 點左右已賣光打伴，去之前除了要留肚更加要預留時間！

2023 年 7 月 OPEN

I'M DONUT ?
原宿店

地 〒 150-0001 東京都渋谷区神宮前 1-14-24
時 10:00 起
交 ❶ **東京地下鐵副都心線、千代田線**
　　明治神宮前站 3 號出口直達
　　❷ **JR 山手線** 原宿站 徒步 2 分鐘

排隊時店員會給你一張有英文的菜單，大家寫下想要的冬甩數量就可以，完全不需要翻譯機。

原宿店限定的新鮮出爐原味 Donut，以原個烤南瓜製作麵糰，沒錯，真的是「原個」，包括了南瓜皮和南瓜籽。此外又加入大量奶油揉製，再以高溫油炸，最後鬆軟得來又有點煙韌口感的冬甩就誕生啦！I'm donut？完全掀起了冬甩界的革命，重新定義了冬甩！討厭排隊如我都覺得為了把它送進口裏的美妙一刻一切都是值得（但如果只買一兩個就有點虧了），想認真嚐嚐看這傳奇級的麵糰口感，點原味就最好啦！

I'm donut？的冬甩分為兩大類，第一種是**現買現吃**，店家會即時做麵糰、出爐、油炸，務求讓食客品嚐到最新鮮、熱騰騰的冬甩。另一種就是**外帶冬甩**，裏面大多有忌廉或者是巧克力脆皮等等。

現買現吃的冬甩會放在專用紙盒，方便大家吃。剛好 I'm donut？旁就有個小公園，可以買完去坐着吃，不過留意這個公園是禁止飲酒的啊！

外賣冬甩中我最喜歡的第一名：**蜜柑芝士忌廉冬甩**！蜜柑超甜沒酸味，除了外面的兩小粒，裏面還藏了半個蜜柑，出手好闊綽。加上芝士忌廉又多又幼滑，一口滿滿都是芝士，超級幸福！

外賣冬甩中最喜歡的第二名：**開心果冬甩**！我很喜歡開心果味甜品，所以未吃先加幾分，加上這個冬甩的開心果忌廉做得很出色，濃厚得來不會太滯，雖然甜但未到非配茶不可，而且沒有太多其他餡料，保留了鬆軟又煙韌的麵糰口感，出色。

剛剛提過這裏的冬甩大多以南瓜做麵糰，不過如果點巧克力味冬甩（是 cocoa 不是 I'm donut？chocolate），就可以吃到用巧克力做的麵糰啦！巧克力麵糰口感跟南瓜麵糰差不多，不過比較甜，而上面的巧克力就脆脆的，意外地這一層不是超甜，而是偏向中甜，相信大人小孩都會愛吃。

以為我是那些盲目吹捧人氣店的盲粉？錯啦！這個秋季限定的鯷魚栗子番薯 Gratin（法式焗菜）真的吃到我懷疑人生。冬甩的口感非常好，栗子和番薯都熟成得很好，夠甜夠粉，而且還有些顆粒，對得起 ¥561 這個價錢。問題是那個鯷魚味忌廉跟其他甜甜的食材有點不搭。勇者們試完記得告訴我感想。

外賣冬甩要買夠 4 件才有紙盒（不要的話很容易會壓到），大家也可以分別付 ¥30 買紙盒和跟原宿很配的粉紅色膠袋。

全球知名巧克力品牌 GODIVA 的巧克力和巧克力雪糕一向很受歡迎，今次在原宿開店，當然不少得原宿必吃美食可麗餅啦！這家 GODIVA dessert 提供多種口味的可麗餅、窩夫、GODIVA 特飲等等，有增肥計劃的各位來趟原宿就對了。

所有可麗餅都是在店內即叫即做，大家可以看看自己的可麗餅一層一層慢慢捲起來喔！

2023 年 7 月 OPEN

GODIVA DESSERT 原宿店

地 〒 150-0001 東京都渋谷区神宮前 4-31-11 re-belle HARAJUKU 1F

時 10:00~20:00

交 東京地下鐵千代田線、副都心線 明治神宮前站 5 號出口徒步 2 分鐘

GODIVA dessert 提供 13 種可麗餅，鎮店之寶是「**原宿限定 Harajuku 可麗餅**」，由可麗餅皮、忌廉、巧克力醬到最面層的巧克力脆片都是 GODIVA 巧克力，巧克力控應該會開心到彈起！

雖然我不是巧克力控，但它的確有驚艷到我。可麗餅皮用豆腐麵糰製成，比一般可麗餅更有厚度和嚼感，有九成像正宗法國可麗餅，不過壞處是太柔軟，吃到一半整個可麗餅就會崩塌。忌廉方面使用了巧克力生忌廉和巧克力吉士忌廉，令佔了可麗餅很大比重的忌廉味道更有深度。特別喜歡隱藏在可麗餅內的粒粒巧克力，每一次咬到都有開心中獎的感覺。最上面的 GODIVA 巧克力雪糕有多濃厚幼滑相信不用多說。至於最上層的脆脆原來是比利時巧克力，一個可麗餅包含了多種巧克力，嘴巴就像沐浴在巧克力噴泉裏。

雖然我很愛 ¥100 店，但其實 ¥300 店更得我歡心，因為只要多付一點點，就可以換來更高的品質、更好的設計，重點是大家還要看不出是來自 3COINS！

3COINS 原宿本店

地 〒 150-0001 東京都渋谷区神宮前 6 丁目 12-22 秋田ビル一階
時 11：00 ～ 20：00
交 ① JR 山手線原宿站徒步 7 分鐘
　　② 東京地下鐵千代田線、副都心線 明治神宮前站徒步 2 分鐘

3COINS 竟然有梳化區？我還以為自己來到了 NITORI 或者 IKEA！

日本近來好像興起了一陣桑拿風，這個季節限定的區域目前正正就在賣桑拿風主題雜貨。

超～可～愛～的小盆栽！無論男生又好女生又好，只要簡單吊一盆在窗邊，便能為家居增添綠意。

常常有人問我的頭飾，特別是蝴蝶結在哪裏買，3COINS 就是其中一間我的愛店啦。不過如果買蝴蝶結頭飾，個人並不推薦買橡皮圈，因為綁的時候很易纏在一起…如果有的話，選夾子真的會方便 100000 倍！

3COINS 的小吃系列 GOOD MOOD FOOD，會不定期推出不同商品。之前我去的時候是彩色糰子杣大福，也曾經有段時間是水果三文治，大家可以期待一下你們來的時候會賣甚麼喔～

日本著名高質 ¥300 店 3COINS 的第一間旗艦店進軍原宿，原宿又多個令人逛到失心瘋的地方啦！店內面積有 415.4 平方米，非常寬敞（不過同時人也很多），有廚具、日常生活用品、零食、文具、頭飾等等，應有盡有，是個人推介大家必到的景點之一！

原宿店限定的 Totebag！大家有從那 3 個波波看出甚麼玄機嗎？沒錯這三個硬幣剪影就是指 3COINS！Totebag 有大中小 3 個尺寸選擇，另外也有其他顏色喔～

3COINS 裏有一個專櫃專門放美式塗鴉風雜貨店 ASOKO 的商品，大家會看到這些商品的風格跟一般 3COINS 的簡潔路線大相逕庭，如果你喜歡美式雜貨，就可以在這裏一次過滿足兩個願望！

最後就是原宿本店限定的客製化服務！一件商品只需要加 ¥330 就可以加入名字、日期等等，有鐳射雕刻、UV 印刷、轉印印刷等等。如果當日不是太多人要求客製化服務，有機會當天就可以拿到商品，這樣就不用第二天再來啦！

原宿店限定的手繪風零食，將懷舊零食例如果仁、柿之種，重新以日本知名插畫師設計的包裝發售，當中我最喜歡這個彩色的爆米花，配上拿着大紅花朵的女生，我好像沾到了一點點藝術氣息了。

WITH HARAJUKU 一共有 13 層，裏面有全型態的 IKEA、UNIQLO、資生堂等店舖，有個可以靜靜地欣賞原宿風景的休憩處，也可租借辦公室和住宅，是個很多元化的大型複合設施。

WITH
HARAJUKU

地 〒 150-0001 東京都渋谷区神宮前 1-14-30
時 07：30 ～ 23：30
交 **JR 山手線**原宿站徒步 1 分鐘

UNIQLO 原宿店（B1/F ～ 1/F）

UNIQLO？香港都有啦！不過這家 UNIQLO 特別有趣，不妨花少少時間看看有甚麼特別！首先門口已經跟其他 UNIQLO 不一樣，科幻感十足，加上牆上的黑底紅字熒幕，還以為在參加甚麼高科技展覽！

現在想買花不一定要去花店，在一樓也一樣有花賣，而且還很受歡迎！

WITH HARAJUKU 和車站到底有多近？就是只有一指之隔！
我指的「指」大約有一條斑馬線的長度吧（笑）。

雖然我是住不起啦，不過聽說這裏的住宅公寓 WITH HARAJUKU RESIDENCE 一共有 53 戶出租，1LDK 公寓（面積約 40 平方米）的話，月租 30 萬日圓。如果想來留學，做生意，又想住原宿，不妨考慮一下？

另外這張照片是從車站向外拍的，我發現這裏比較容易拍到一整幢 WITH HARAJUKU，因為它實在太大太高的關係，離開車站就很難見到它「全相」囉。

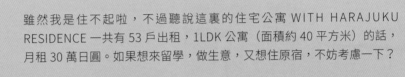

在 WITH HARAJUKU 內的商店也成為 T-Shirt 的設計意念！這樣其實公司不用設計制服，直接穿這個就好了啦～

在 WITH HARAJUKU 的地下一層有 UNIQLO StyleHint，如果你想穿得時尚，又不懂穿搭，買了一大堆，但配起來總是怪怪的，就來這裏看看吧！

看到覺得好看的配搭，只要點一下屏幕，就可以看到相關產品的資訊，例如尺碼、顏色、在哪層賣場等等。只要跟着來買，就可以變成時尚達人啦～

跟各位藝術家或品牌合作的 T-SHIRT（UT），這金寶湯穿起來會不會令人特別口渴？

IKEA （1/F ～ 2/F）

以前東京住民想去家具店的話，首選很少是 IKEA，因為它們的店舖都很遠，至少對於平日很少坐車超過 45 分鐘的我來說是啦！而這家位於 WITH HARAJUKU 的 IKEA 是**日本第一間「都市型」IKEA**，佔地只有 2500 平方米，主打東京小房屋的家具和雜貨。

除了買家具，有些人會當這裏為瑞典食堂，因為除了有瑞典便利店、新鮮出爐的麵包店，還有其他特色瑞典捲餅，非常好吃！

這個全植物雪糕就厲害了，¥50！！！！！告訴我！在香港 ¥50 可以買到甚麼！雖說是全植物以為會比一般雪糕不好吃，但其實有淡淡的李子味，口感不會膩非常清爽，好吃！

在上面吊下來的是手錶，加上牆上的投影和聲音，看起來十分有趣。

Seiko 展覽 （1/F）

Seiko Seed 是日本名錶 SEIKO 的展覽場所，定期舉辦不同展覽。因為本身沒有戴 SEIKO，所以並未感到太大興趣，但進去之後與其說學了很多東西，不如說有很多新啟發和感受！

以前的手錶會發出滴嗒滴嗒的聲音，但現在的電子手錶卻不會發聲，有的人會覺得太安靜了。為此 SEIKO 設計出會令人聽了覺得舒服的雨水聲等等，以不同節奏低調發聲，讓人戴着手錶也有被治癒的感覺。

瑞典便利店內，竟然有便當和芝士蛋糕！這真的是家具店嗎？

新鮮出爐的蘋果批，¥250 一個，裏面有大大塊蘋果，好划算！（日本水果很貴要感恩！）

IKEA 原宿店是全球首間提供瑞典捲餅的IKEA！而且店家還融入原宿可麗餅的特色，把它們包到可麗餅似的，太可愛啦～瑞典捲餅有甜、鹹及素食等十多種選擇，我最喜歡煙三文魚味，煙三文魚不會太鹹，厚度適中，好吃。

露台美景

如果有空坐坐，推介大家來 3 樓的木製甲板露台 WITH HARAJUKU Park！大家可以隨便拿個坐墊，找個喜歡的位置坐，一邊眺望原宿和新宿方向的美景，同時又被點點綠意包圍，紅葉季時還會有紅葉襯托，好美～坐在這裏吹吹風，發發呆，十分寫意。

不過人氣坐墊手快有，手慢無！

誰會想到，把一個個錶面放在水上，錶上的兩支長短針就會好像雙腳般游動呢？

愛美的人有福了！美妝店 @cosme 首間旗艦店進駐服裝品牌 Gap 的舊址。一共有 3 層，總面積有 1300 平方米，無論是開架還是專櫃的化妝護膚品都有！仔細數的話這裏約有 200 個品牌，如果依不同顏色和細分種類的話，一共有售約 2 萬種商品，數字實在太驚人，我的下巴已直穿地心跌到巴西！

@COSME TOKYO

地 〒150-0001 東京都渋谷区神宮前 1-14-27

時 11：00 ～ 21：00（12 月 30 日～ 1 月 3 日營業時間不同，請留意官方網站）

交 ❶ **JR 山手線** 原宿站徒步 1 分鐘
❷ **東京地下鐵千代田線 / 副都心線** 明治神宮前站 2、3 號出口徒步 1 分鐘

一進店就會看到這個圓圓的東西，它是 @cosme 最人氣的商品，想知今期流行，流行椎名…是流行甚麼化妝護膚品，就先來拿個概念吧！

走進圓圈裏是這個樣子，五花八門的，要認真看真的會看很久！

@cosme WEEKLY RANKING 就是那週最好賣的美妝，每個星期都會轉，要趕潮流的話真的用跑也來不及啊！

除了女士，男士也要護膚！這裏也有男士專櫃，男生也可以慢慢挑選適合的護膚品。不過好幾次去的時候我都看到女生在看男士專櫃，看來這些女生的男伴們有福喔～

喜歡這裏很多美妝都有店員寫上介紹和感想，因為店員很少，大家都是自助試完就去付款，有了這些小卡就好像有店員在介紹似的，有點像 Donki 的 POP 呢！

我發現其中一格有我正在用的洗頭水 & Honey Creamy Shampoo！它含有三種蜂蜜，對於熱、摩擦、UV、染髮、乾燥等造成的髮質損傷有修護作用。啊～原來我也不算太脫節，實在太好啦～

TESTER BAR，顧名思義就是任你試用的地方。上面大多是目前 SNS 造成話題的美妝，例如這個晚間用的唇膜我也有用過，真的挺有效！但是它內附的小匙羹我好像一個星期就不見了，而我的指甲又有一點點長，最後就是用不到最底的部分，不然就是塞爆我的指甲縫，好噁心啊～～～～～

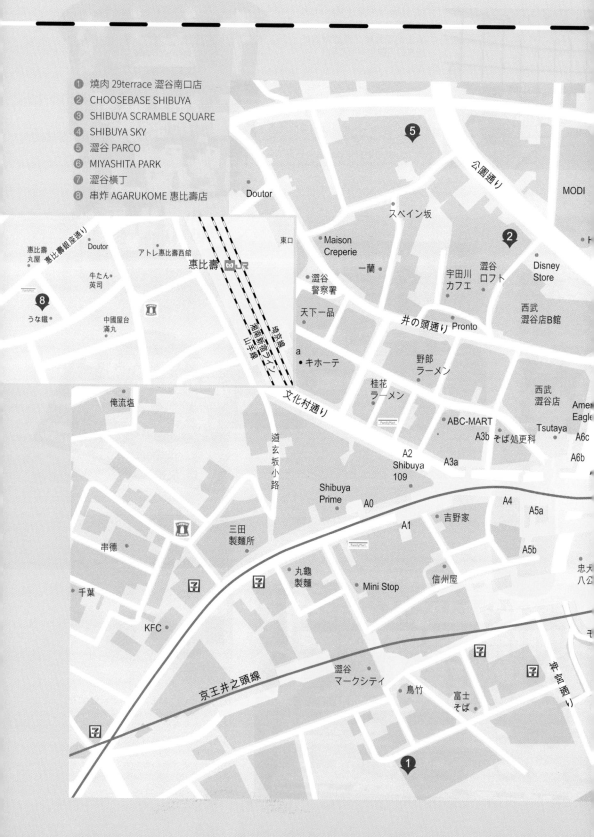

1 焼肉 29terrace 渋谷南口店
2 CHOOSEBASE SHIBUYA
3 SHIBUYA SCRAMBLE SQUARE
4 SHIBUYA SKY
5 渋谷 PARCO
6 MIYASHITA PARK
7 渋谷横丁
8 串炸 AGARUKOME 恵比壽店

5

公園通り

MODI

Doutor

スペイン坂

東口

Maison
Creperie

一蘭

宇田川
カフェ

渋谷
ロフト

2

Disney
Store

恵比壽
丸屋

恵比壽銀座通り

Doutor

アトレ恵比壽西館

恵比壽 JR

渋谷
警察署

井の頭通り Pronto

西武
渋谷店B館

牛たん
英司

天下一品

8

中國屋台
満丸

野郎
ラーメン

西武
渋谷店

うな鐵

桂花
ラーメン

Ameri
Eagle

a

キホーテ

ABC-MART

Tsutaya

A6c

俺流塩

文化村通り

FamilyMart

A3b そば処更科

A6b

道玄坂
小路

A2
Shibuya
109

A3a

三田
製麺所

Shibuya
Prime

A0

A4

A5a

串德

A1

吉野家

千葉

FamilyMart

信州屋

A5b

忠犬
八公

丸龜
製麵

Mini Stop

KFC

京王井之頭線

渋谷
マークシティ

鳥竹

富士
そば

神宮通り

1

澀谷

如果說「巢鴨」是屬於銀髮族的地方，那麼「澀谷」肯定就是年青人的天地！澀谷最具代表性的景點有十字馬路，有甚麼特別？那條十字馬路可不單止一個十字，其通行量據說一日平均有 50 萬人之多，很多人來澀谷就是為了走這條馬路！此外澀谷的 Center 街聚集了很多餐廳和商店，又有很多酒吧、俱樂部，此外澀谷又有「澀谷 109」等時尚地標。如果你自認時尚潮人，心境年輕，來澀谷走一轉吧！

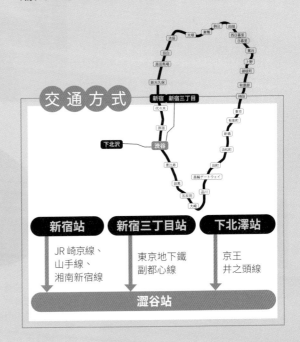

交通方式

新宿站	新宿三丁目站	下北澤站
JR崎京線、山手線、湘南新宿線	東京地下鐵副都心線	京王井之頭線

澀谷站

燒肉 29terrace 在澀谷和代代木都有分店，當中代代木店上過日本電視節目《王樣的 Brunch》，日本人氣美食 Youtuber「むにぐるめ【唯一無二の絶品グルメ】」所介紹的短片也有超過 140 萬次觀看次數（8 月中時點），可說是日本話題沸騰中的燒肉店！

這裏的肉類部分調味較重，如果想喝只有一點點酒精的飲品，我覺得這個**冰士多啤梨汽泡酒**（¥690）好讚！味道不會太甜，汽泡給人一種痛快感覺，重點是，它會不會太可愛啦！

2023 年 7 月 OPEN

燒肉 29 TERRACE 澀谷南口店

地 〒150-0043 東京都渋谷区宮前区道玄坂１丁目１０－２ 渋谷 Cr ビル B2F
時 平日 17:00~23:30、星期六日及假期 12:00~23:30
交 ❶**JR 澀谷站** 南口徒步 3 分鐘
　 ❷**井之頭線澀谷站** 西口徒步 2 分鐘

店內有吧枱和餐枱兩種選擇，整體整潔度很好，餐枱非常寬敞好坐。比起主打上班族的燒肉居酒屋，情侶和家庭旅行時可以考慮一下這家店呢！

當店限定的**連骨牛肋骨肉**（¥3800），一上桌時心想也太巨型了吧！要怎樣燒啊！還好店員會幫忙燒。這款連骨牛肋骨肉有用秘製味噌醃過，所以甚麼都不蘸也有微微甜味，加上少許肥肉和柔軟的口感，個人大推！如果想要再重口味一點，可以加味噌醬油，風味更濃厚，同樣好吃！

上中是肩三角肌，一咬下去牛脂四射，不過因為混合了柔軟和堅硬的肌肉，加上切得太厚，有點難嚼。

右上角是嫩肩里肌，一頭牛只能取到3公斤左右，非常稀有，所以價格就如日本人所說「是個好價錢呢（翻譯：好貴）」，不過牛味濃郁又多汁，而且香軟滑溜，令人手不停口不停。

牛五花聽得多，縱牛五花（左上）你又聽過嗎？牛脂真的超多！雖然吃下去滿口油香，不過吃的時候絕對要佐飯。

仙台和牛 5 款拼盤（￥5980）每款有 4 片。左下是內裙肉，位於牛五花和里肌肉之間，口感接近橫隔膜，又不乏五花肉的牛脂，可以一次過吃到瘦肉和肥肉的美味，好棒棒！

右下是內側後腿肉，算是這個拼盤中最不肥膩的和牛，喜歡瘦肉派的我覺得極好吃。

根據店家統計，幾乎 100% 客人都會點數量限定蔥牛舌（￥2480），一份有 4 件，牛舌有 2cm 厚，足夠兩人分吃。牛舌塞滿以麻油和鹽調味的自製青蔥，牛舌彈力十足，肉汁爆滿口腔，難怪這麼受歡迎！不過個人覺得調味偏重，如果可以再輕一點就「趴～啡～朵～（perfect）」。

燒肉 29terrace 澀谷南口店的門口有點難找，看到郵局右轉走下樓梯就是了。留意店前有相片的菜單在店內是沒有的，大家可以先拍照或者帶着這本書去手指指（笑）。我去的時候只開店了兩星期，非繁忙時間可以馬上進店。

相信大家都知道（大約有 0.01% 人左右？）我極度喜歡吃生拌牛肉，不過這裏的**生拌牛肉**（￥1390）令我有點小失望，因為根本就不是生，怎麼吃都有微微煮過的味道，而且那個蔥實在太多啦！

不得不讚這個**雜錦蔬菜**非常優秀，每日新鮮取貨。蔬菜盤有生菜、雞脾菇、茄子、彩椒等等，配上微甜的紅蘿蔔醬汁，好開胃。生菜可以用來包肉吃，其他可以用來燒，重點是可以任吃，而且可以自由挑選，佛心。

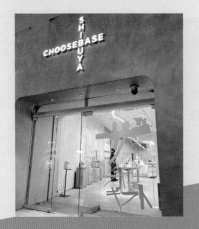

CHOOSEBASE SHIBUYA 有幾個入口，一個在無印良品旁，我今次就從公園通口進店。遠遠看到有個灰灰水泥風的門口，上面有個發光的十字標誌就對了。

大家知道 OMO 是甚麼嗎？它不是一個可愛的顏文字（話說現在年青一代才不會用這種由文字組成的顏文字，嫌它老套），而是 Online merge Offline 即是**將線上與線下結合**的意思。

CHOOSE-BASE SHIBUYA

地 〒 150-0042 東京都渋谷区宇田川町
　 21－1 西武渋谷店 Parking 館 1 階
時 11：00〜21：00
交 **JR 山手線** 澀谷站徒步 3 分鐘

店員推介商品，特別放在外面的貨架上。

很少女風的擺設。A 區的生活雜貨真的風格差很遠，一邊逛一邊有「驚」喜！

A 區裏很特別的鯛魚肥皂，為甚麼感覺好樣鹹魚啊？右邊就是這條鹹魚 … 鯛魚肥皂的 QR Code。

看到頭頂的白光劃成十字嗎？這個十字就將 CHOOSEBASE SHIBUYA 分成了 4 個區域。

只要有智能電話就可以輕鬆得到產品資訊和購物！

CHOOSEBASE SHIBUYA 是西武百貨店的第一家 OMO 店舖，簡單來說店內的商品旁會有一個 QR Code，大家看到想買的商品，掃描 QR Code 就可以將商品放進線上「購物車」，在購物過程基本上不會看到店員，直至最後付款才會有「真人服務」，想來這個構思或多或少都與疫情時要減少人與人之間的接觸有點關係吧！

CHOOSEBASE SHIBUYA 可以分為 BASE A、B、C、D 4 大區域，每個區域出售不同主題商品，A 區是雜貨、時裝，B 區是美食，C 區約有 50 個品牌的藥妝，而 D 區是 TAILORED CAFE 咖啡廳。從公園口進去會先進到 B 區。

這個菇菇是不是很可愛？想知價錢就要掃描一下啦～（老實說連看價錢也要掃描好像有點…不過相反可以令人不會以價錢為主去判斷商品質素，也不失為一件美事）

D 區內的咖啡廳。

販賣化妝品的 C 區，看商品的陳列、店內的設計，是不是很時尚，很有未來感呢？原來 CHOOSEBASE SHIBUYA 真的是以「未來的零售空間」為主題設計的啦！

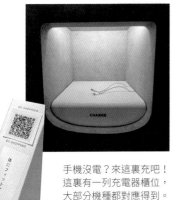

手機沒電？來這裏充吧！這裏有一列充電器櫃位，大部分機種都對應得到。

收銀處是整間店內唯一有店員的地方。

SHIBUYA SCRAMBLE SQUARE 直通澀谷站，樓高 46 層，高達 230 米，是澀谷最高的大廈！大廈內除了有高級商店、雜貨店、一整層甜品手信店、美食店之外，同時也有辦公室…超葡萄在這麼好的地方上班的「沙啦哩蠻」（上班族）！不過 SHIBUYA SCRAMBLE SQUARE 最受歡迎的並非甚麼商店，而是位於 45 至 46 樓的**展望設施 SHIBUYA SKY**！大家稍安無燥，先介紹完幾間我認為在 SHIBUYA SCRAMBLE SQUARE 值得一去的店鋪後，自然就會帶大家上 SHIBUYA SKY。

SHIBUYA SCRAMBLE SQUARE

地 〒 150-0002 東京都渋谷区渋谷二丁目
　 24 番 12 号
時 （部分商店營業時間不同，詳情請參看
　 官方網頁）
　 B2 ～ 11F、14F 10:00 ～ 21:00，
　 12 ～ 13F 11:00~23:00
交 JR、東京地下鐵澀谷站 B6 出口直到

11/F：TSUTAYA BOOKSTORE

相信 TSUTAYA「蔦屋」大家沒去過也有聽過，它是日本超級連鎖書店，在很多地區都可以找到。位於 SHIBUYA SCRAMBLE SQUARE 的 TSUTAYA 內有日本首間**結合辦公與休息的公用空間** SHARE LOUNGE，大家可以邊欣賞澀谷熙來攘往的繁華景色，邊看看小說、漫畫、旅遊書等等等等，同時還可以享用飲品、果仁、充電器等等。

世上沒有免費午餐（和果仁），這裏的收費標準是一人每 90 分鐘 ¥1500，如果想做一下日本文青，或者來寫寫書，可能是個好選擇。不過不瞞大家，你們正在看的這本書都是我在家裏油頭粉面，又或者是在旅館、飛機、新幹線一邊罵着「wi-fi 又斷線！！！！！！」一邊寫的（笑）。嗚啊，一點都不文青！

首先有位於 10 樓的 TOKYU HANDS。雖然只有一層，對比其他 TOKYU HANDS 是有一點點袖珍，不過它勝在直通車站，又不用在店內走來走去才買到想要的東西。如果心中已經打算好要買文具、雜貨等等，一進店就可以一擊即中，快速買完！此外這家店有不少以日式圖案作花紋的商品，看來是瞄準了外國人（即是我們）…的荷包君啊！

禮物專區，專為對買禮物沒頭緒的朋友而設。

店員為大家推介的「現在日本最流行的化妝品」（至少廣告牌是這樣寫的@@）。

雖說只有一層，但其實也很寬敞好逛。

11/F：中川政七商店

創業已經有 300 年的老字號雜貨店中川政七商店在 SHIBUYA SCRAMBLE SQUARE 的超大旗艦店，面積廣達 130 坪，販售超過 4000 種商品！中川政七商店主要販賣日本工藝品、日本傳統圖樣的雜貨等等，有家品、小手帕、擺設、衣服等等，4 個字：手信之選。

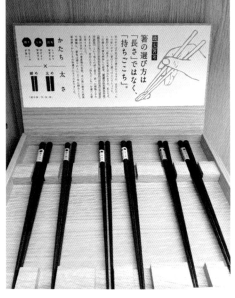

很多人來日本都會買筷子（例如我媽），這裏就教你如何選出最適合的筷子！與其選長短，其實它的形狀，例如正方形、八角形，還有其粗幼才是更重要！

12 ～ 13/F：FOODIES SCRAMBLE

美食街 FOODIES SCRAMBLE 有不少偏高級的美食店，例如最近很受歡迎的 TEPPAN-YAKI 10，主打龍蝦及和牛鐵板燒，如果想以較相宜的價格吃到美味鐵板燒，推介中午來吃午市套餐。

供應大阪料理的 お好み たまちゃん 無論是大阪炒麵、大阪燒，還是其他鐵板燒都可以在這裏吃到。店舖的塗鴉風設計年輕得來又不失傳統感覺，個人非常喜歡！

主打九州料理和牛腸鍋的「蟻月」。

來日本要試試真正的壽司 OMAKASE 嗎？這裏就有松榮，自己吃過覺得 CP 值十分高，而且店員都會講簡單英文，食物名字和吃法都可以清楚表達，不用怕語言問題。中午菜單十分划算，「楓 - かえで」¥3520 有 9 件壽司和甜品等，而「欅 - けやき」就有 12 件壽司和前菜等。

晚餐最高級有「輝 - かがやき」（¥13200），有 10 件壽司、前菜等，我自己就吃過一次「櫻 - さくら」（¥9600），有 7 件前菜和 8 件壽司，這個套餐就可以吃到不同種類的小料理，如果不是很想吃很多很多壽司，不妨一試！

一場來到東京吃甚麼大阪燒啊？吃文字燒啦！這家發源於築地的文字燒店 MONJA MOHEJI 每次經過都超香噴噴，在這兩層當中算是價格實惠之選，重點是，文字燒就是東京料理的代表，必吃！

不用怕不懂得自己弄文字燒，店員會來幫忙。而且這裏的芝士並不是隨便給你一碗芝士加上去，而是用芝士刨將一絲絲芝士刨出來，有驚喜。

文字燒其中一樣必點口味就是明太子年糕（¥1500）！不過因為太餓了，我又另外再加了大蝦（¥500 2隻不算貴！）和芝士，一整盤好豐盛！

這裏的文字燒分為傳統之味和革新風味，這個伊達雞和菇菇的忌廉…等一下！！！我！真不敢相信！！！！！謎底終於解開…明明我點了的是伊達雞和菇菇的忌廉汁文字燒（¥1600）…可是大家有看到嗎？根本沒有菇！這個原來是伊達雞意大利青汁文字燒（¥1600）…

燒到這樣就完成啦～

一邊吃時我還一邊納悶，為甚麼吃不到忌廉汁，而是意大利青汁風味，真是革新啊…請問我是不是第一個寫書時才發現來錯了料理的作者？說回主題，這個意大利青汁風味其實味道不錯，十分清爽，喜歡西餐的朋友會喜歡。只是…我想吃的是忌廉汁啊啊啊啊！只能說那天我太累了（只是累！不是笨！）來錯了也沒發現，還要吃光光…

前菜鮑魚，鮑魚汁用鮑魚內臟加上牛奶等製成，吃的時候不用把醬汁全部都吃光，因為師傅會將醋飯加入剩下來的鮑魚汁，非常開胃！

14/F：神樂坂茶寮

神樂坂茶寮的窗景可以盡情俯瞰澀谷街景，想邊看美景邊品嚐美食是個不錯的選擇。這裏雖然叫作「茶寮」，但不是真的只有茶和小吃，它們的 12 道小菜御膳（¥1400）將每一道小菜分開放在不同的小砵中，看起來就像京都的高級料理，好看又好吃！不過東西手快有手慢無，我到訪時大約下午 5 時已經賣光光啦…

世一好吃的穴子壽司，入口即溶，甜醬汁不會掩蓋穴子的鮮美，穴子皮滑溜到好像會滑下喉嚨似的，超好吃！

不過這裏的其他料理一樣吸引，例如國產牛番茄壽喜燒御膳（¥1800），套餐內容豐富，價錢合理，只要有窗口位就 GO 啦！

說到東京著名的展望台一定非 SHIBUYA SKY 莫屬！它在 2019 年年底開幕後馬上成為東京遊客必去的打卡名所，加上有繪麗奈加持（雖然我不信你沒看過，但萬一真的沒看過就快 Google 看看那「奇跡的一枚」封面照片），現在想必在香港已經無人不知吧！

SHIBUYA SKY

地 〒 150-0002 東京都渋谷区渋谷二丁目 24 番 12 号 14、45、46 樓、頂樓
時 10:00 ～ 22:30（最終入場 21:20）
費（正價）18 歲以上 ¥2600、中學生 ¥2000、小學生 ¥1200、3 至 5 歲 ¥700
交 JR、東京地下鐵澀谷站 B6 出口直到

從 14 樓坐電梯上 SKY GATE 的時候，記得抬頭看看電梯的天花板，會有意想不到的驚喜，眨眼間就從 14 樓上到 45 樓！

在 SHIBUYA SKY 除了可以俯瞰東京美景，還可以坐在「雲端搖籃」，大家可以在上面慢慢地欣賞星空，吹吹風（但冬天會變凍柑），好 chill～

SHIBUYA SKY 主要由三個區域組成，分別是搭乘電梯時的上升空間 **SKY GATE**、屋頂展望台 **SKY STAGE** 以及室內展望迴廊 **SKY GALLERY**。如果想前往 SHIBUYA SKY，首先要去 SHIBUYA SCRAMBLE SQUARE 的 14 樓購票，不過個人比較**推介在網上預約**，這樣比較容易預約到想要入場的時段。

想一次過看盡白天、黃昏、夜晚，可以在日落前 1 小時入場（因為光是排隊坐電梯，在打卡位排隊就要花上 40 分鐘！！）如果看過我上一本書就知道上次我去的時候已經天黑黑，不過今次我「復仇」成功，終於看到白天的美景啦！如果想拍得自己美美的，可以在白天來拍照，不過說到風景，還是夜景比較驚艷。在 SHIBUYA SKY 上看到的夜景絕對是我看過最漂亮和震撼的東京夜景，沒有之一。

位於澀谷上空 229 米的 SKY STAGE 可說是整個 SHIBUYA SKY 的靈魂，在這裏可以 360 度無死角欣賞東京的繁華街景，當中玻璃高度只有人身高一半左右的角落是最有人氣的拍攝景點（當然也最大排長龍），這裏會有工作人員為你拍照，你可以付費買回你的珍貴照片，當然也可以直接自己拍照啦。晚上會變成三角形的亮燈區域，配上東京夜景簡直無敵！

近拍的話可以拍到大大粒人和東京夜景，而遠拍就可以拍到地下亮光地階，總之怎樣拍都好美！

雖說半身玻璃角落是 SHIBUYA SKY 最有人氣的拍照地點，不過怕高人士如我覺得半身玻璃有一點點怕怕，如果晚上來的話，另一邊全身玻璃的地下和玻璃頂都會亮光，如果你只有手機，沒有專業拍攝裝備，其實來這邊可能更易拍出好看的照片，而且排隊時間也更短啊！

只看夜景，只躺搖籃還不夠享受？來 THE ROOF SHIBUYA SKY 可以坐在梳化席上小倆口靜靜地把酒看青天，對於不喜歡喧鬧又愛喝酒的朋友可能是個好選擇。留意開放時間由 4 時（8 月是 5 時）開始，所以應該是把酒看夜景。

SHIBUYA SKY 會不定期舉行各種期間限定的亮燈匯演等活動，今次我來時就遇上了 Sparkling View，方向不段變化的燈柱時而在亂舞一樣，時而又變成三角柱般，就像一棵聖誕樹！

46 樓的室內展望迴廊 SKY GALLERY 同樣非常值得一去，千萬不要去完屋頂就走人啊！今次我來時放了很多銀色氣球藝術裝置，將夜景和藝術融為一體，每個球上都反映出東京都夜景，好美！

這裏也設有互動裝置，只要站在地上亮光的地方…

你的剪影就會出現在熒幕上面，而且你的一舉手一投足每個動作都會在熒幕上反映出來！只是當我看見自己變成了一條魷魚時實在忍不住笑了出來…這形狀到底是甚麼鬼啊～～笑死～

如果你夠「中二」的話，可以試試擺這種「甫士」拍照，意外地效果不錯（留意照片中「中二」人物並非本人！）

剛剛 46 樓的室外酒吧 THE ROOF SHIBUYA SKY 只有冷飲，而 45 樓的 Cafe & Bar Paradise Lounge 就有更多飲品選擇和輕食，可以坐在吧枱式梳化椅上，通過超巨型落地玻璃欣賞東京美景。

大家有發現嗎？這是以澀谷十字路口為設計的澀谷御守，好可愛～

最後 45 樓走到盡頭就是手信店，這些並不是普通的杯子，而是盆栽！

藍色的富士山啤酒，倒出來真的是藍色還會有泡泡！如果有個梯形的酒杯就真的似到十足十富士山啦～另外還有澀谷啤酒！

PARCO 在幾十年前已經是澀谷其中一個商場地標，但是從 2016 年開始一裝修就是 3 年！當時我的公司距離 PARCO 只有 1 分鐘路程，常常在工作中聽着「貢貢貢」的裝修聲，誰知道在 2019 年底澀谷 PARCO 開幕之時，公司已不在澀谷啦（泣）。改裝之後，澀谷 PARCO 感覺更加年輕，無論是時尚、藝術、娛樂、動漫、美食都可以在這裏找到，值得一逛！

澀谷 PARCO

地 〒150-0042 東京都渋谷区宇田川町 15 － 1

時 商店 11：00 ～ 21：00、餐廳 11：30 ～ 23：00

交 JR 澀谷站徒步 4 分鐘

個性雜貨店

很喜歡的一家個性雜貨店 PUEBCO（3/F），從外表看來是一本本古舊的書，但一打開，原來是個「月光寶盒」！

這裏的手袋色彩風格強烈，時尚得來又不會每個人倒模似的一式一樣，一個字，型！

任天堂實體店（6/F）

6 樓有任天堂首間實體旗艦店 Nintendo TOKYO，忠實《動森》迷的我當然想入去朝聖啦！裏面可是有一大個動森專櫃的！之前來的時候明明只要排一下隊就可以進場，但開關後第一次去的我老貓燒鬚，竟然連拿整理券入場的機會都沒有！連看到車尾燈的資格也沒有！好傷心啊⋯大家一定要早點去拿整理券！！！！

《SUPER MARIO》的 LEGO 很可愛⋯應該說是很有型嗎？

Nintendo TOKYO 除了販賣任天堂遊戲機之外，也有不同遊戲的周邊產品，除了剛剛提到的《動物之森》，也有我喜愛的《薩爾達傳說》系列，當然不少得孖寶兄弟的商品啦。此外更設有 Nintendo TOKYO 店舖限定商品區，有 Nintendo TOKYO 的 T-Shirt，各人氣遊戲角色的模型等。

Pokémon 商品（6/F）

Pokémon Center SHIBUYA 同樣是另一超人氣商店！光是門口的生招牌 —— 在紫色研究艙中巨型的等身超夢夢，已經令一眾 Pokémon 粉絲口水「飛流直下三千尺」！

終於來到戲肉啦！如果你是 Pokémon 迷，來到這裏一定會失心瘋，我就看到不少已經失心瘋的男女老少啦（笑）。裏面整面牆和中間的櫃子都放滿 Pokémon 公仔，除此以外也有其他產品，例如文具、零食、餐具等等。

走過小隧道時兩邊都有超夢夢的塗鴉畫作，風格十分「澀谷」呢！

《JUMP》漫畫產品（6/F）

如果大家喜歡《JUMP》漫畫，就一定不可以錯過 JUMP SHOP！幾乎每家 JUMP SHOP 外都會有個大大的模型讓粉絲們打卡，而這裏就是超巨型的《海賊王》路飛！（人家想要的是《銀魂》的銀時啊⋯）

跟其他 JUMP SHOP 一樣，裏面主要販賣不同作品的周邊，哪個作品愈受歡迎，專櫃就會愈大，所以《海賊王》基本上就是長勝將軍，因為它根本就是日本國民漫畫代表！JUMP SHOP 的周邊產品挺多元化，有 T-Shirt、文具、模型、匙扣等等，我家裏也有不少珍藏呢～

4 樓區域 SKWAT 於 2022 年 11 月登場！將時裝、藝術、娛樂、休閒融為一體，打造出前所未見的有趣空間。你有看過以棚架作裝飾的商場嗎？我就未見過啦！

高質燒肉店

最後如果大家來澀谷 PARCO，一定要試試這家渋谷燒肉 KINTAN（7/F）！它可是連日本人都常去的愛店，因為真的好吃到不得了！招牌菜是以沙朗和牛的生肉做成的生拌牛肉，有花生和葱兩款口味，當然如果你全都想要可以點 Half & Half，吃完之後你一定會愛上！

除了生拌牛肉當然也有燒肉啦，因為和牛新鮮，所以老實說燒甚麼都很好吃，大大大大大力推薦啊！

MIYASHITA PARK 佔地約 1 萬 740 平方米，整體是一條有 4 層的長長街區，全長 330 米。分為 3 大區域，一是公園區「澀谷區立宮下公園」，二是商店區 RAYARD MIYASHITA PARK，三是酒店 Sequence MIYASHITA PARK，是個多功能的複合式設施。

MIYA-SHITA PARK

地 〒150-0001 東京都渋谷区神宮前 6-20-10
交 ❶ **JR 山手線** 澀谷站徒步 3 分鐘
　❷ **東京地下鐵千代田線、副都心線** 明治神宮前站徒步 8 分鐘

從 SHIBUYA SKY 向下拍的宮下公園，藍光閃閃的外觀獨樹一幟，好特別！

美食廣場

美食廣場 FOOD HALL 的美食店也不算少！想快吃快回的話不妨來這裏。個人覺得這家 **MAGURO MARKET**（South 3F）可以一試，菜單有英文不怕「點錯相」，而最吸引的當然是吞拿魚雜錦！平日吃日本菜很少會有辣醬，但這裏就可以選辣醬還是普通豉油，無辣不歡的朋友可以挑戰一下，我相信以日本的辣度應該辣極有限。

公園區

澀谷區立宮下公園有不少運動設施，例如攀石場，不過大多是給當地居民使用，觀光客就只能 window watching 啦。露天公園有個 1000 平方米大的草皮，夏天來的話綠油油一片，可以來踏踏青，對居住在石屎森林的人來說，應該會從腳板舒服到頭頂！

公園的拱門設計最為特別，平日習慣看着地下的人們，也許因此抬頭看天？上次我來的時候已經天黑，有不少年輕人三五知己坐在地上喝酒聊天，感覺非常青春（笑）。今次專程白天到訪，實在太美了啦！而且當天遇上有活動舉辦，有攤檔販賣雞尾酒和小食，還會免費為客人拍即影即有，非常熱鬧好玩！

公園裏有一間純白的 STARBUCKS，由日本知名設計師藤原浩先生設計，靈感來自海外的油站⋯但是我上看下看左看右看，都只看到一個有綠色邊的貨櫃，好運的話可能會在葵涌看到⋯（不！會！看！到！啦！）只能說我在設計美術方面的慧根有待加強⋯我會努力的！

商店區

整個 MIYASHITA PARK 大致可以**分為南北兩區**，南區的商店比較「貼地」，有吉卜力為大人而設的衣服品牌 GBL、滑板店、雜貨店、觀光客必到的 THE SHIBUYA SOUVENIR STORE 等，而 LOUIS VUITTON、PRADA、GUCCI 等都在北區。又是時候跟你的富菇菇朋友分開逛一下，再回來中心點集合啦！

RAYARD MIYASHITA PARK 大約有 90 間商店和食店，這裏不只有日式商店，也有海外商店，呼應 MIYASHITA PARK「澀谷的新街道，次世代的新文化，要向東京，再向世界傳達」的概念。為了用身體證明我有多同意這個概念，那天晚上我跑去海南雞飯食堂 5（North 3F）吃肉骨茶了（笑）。

不要看這湯淡淡的，它可是把累到半死的我（我沒有暗示寫這本書把我累到半死）從新帶上了天堂！肉入口即融，湯汁藥膳味剛剛好，暖在心頭，好幸福啊～

有機抹茶店

THE MATCHA TOKYO（South 2F）使用極難生產，十分罕有的 100% 有機抹茶，無論對人體還是地球都十分有益。大家除了可以點各種抹茶，如宇治抹茶、五香抹茶，也有抹茶 X 咖啡、抹茶 X 檸檬等新式飲品。此外也有抹茶花生巧克力等小吃，看起來超好吃，做手信也不錯！如果光在這裏喝不夠，可以整包抹茶粉買走，回家再沖來喝，回味日本的味道。

很多人以為澀谷橫丁是一條獨立美食街，其實它位於 RAYARD MIYASHITA PARK 南區地下。因為澀谷橫丁整體超日式的風格跟 MIYASHITA PARK 大相逕庭，所以就把它獨立出來介紹吧。美食街大約 100 米長，最特別之處是**將日本全國美食都集合起來**，即使身在東京，也可以吃到北海道、九州、沖繩、北陸、近畿、東海、中國、四國等各地美食，可說是日本美食的「懶人街」，只要來澀谷橫丁，就不用再去其他地方啦！

澀谷橫丁

地 東京都渋谷区神宮前 6-20-10 ミヤシタパーク南街区 1 階
時 星期一至六、假期前夕 11:00 ～ 05:00（部分店舖營業至 23：00），星期日及假期 11：00 ～ 23：00

走到街尾有驚喜，就是有個澀橫稻荷神社！

好可愛的店，牆上竟然有幅平時在錢湯（澡堂）才會看到的富士山大壁畫！

澀谷橫丁有露天和室內座位，自己就比較喜歡露天座位（但冬天會很冷），感覺比較開揚，同時又有日本居酒屋的彩色燈籠作點綴，氣氛恰到好處。店內裝飾猶如祭典，色彩繽紛，有種「我想像中的日本」的感覺！

這裏與其說是華麗高級，不如說是親民草根的居酒屋街。每個人都吃得非常開心，嗓門也放到最大，所以你可能要跟朋友的距離拉近到只有 10cm，才能聽到對方說甚麼！以香港的餐廳比喻室內氣氛的話，應該就是茶樓吧！

雖然人都來了，餐廳都選好了，但因為沒成功吃到，所以無法給出甚麼評價。為甚麼沒吃到呢？因為這裏的帶位系統令人摸不着頭腦！美食街有多家居酒屋，選好了想去的地方，跟店員說好了，等了很久終於成功坐下，結果！竟然！叫我起來！說排在我之前的人到了，麻煩起身⋯可是明明我等的時候店員說下一個就到我，叫我在這裏等不要走，結果又有人忽然冒出來說是先等位的⋯只能說大家來的時候，要找個看似可靠的店員，或者找些有空位的食店，不然如果作為遊客等了超久後竟然被趕走，我一定會變傻眼貓咪，一不小心可能會變成傻眼老虎姆！

好啦忘記這段小插曲，這裏還是一條很值得一來看看的美食街。無論是跟「超日本風居酒屋」打卡，還是來感受澀谷晚上飲み会（飲酒會）的文化，都是個難得的旅行體驗。啊，我看到網上有人說這裏是 24 小時營業，現在並沒有這支歌仔唱啊，小心留意不要從吃日本美食變成吃閉門羹啦～

現在的室內美食街好像都很流行的士高球？不過不得不說意外地跟色彩繽紛的澀谷橫丁很搭！

串炸 AGARUKOME 惠比壽店（串揚げアガルコメ 惠比寿店）是 Mika 的私心愛店。串炸源自大阪地區，使用竹籤串着食材，裹上麵衣再下鍋油炸，最後蘸醬就完成一道關西平民美食。不過我介紹的這家串炸店格局比較像酒吧、居酒屋，環境十分舒適。如果坐吧枱，更可以看到師傅即席炸串炸，一個人怕悶的話，不妨坐吧枱，保證你的嘴巴和眼睛都會很忙。

2023 年 6 月 OPEN

串炸 AGARUKOME 惠比壽店

地 〒 150-0022 東京都渋谷区惠比寿南 1-4-7 シエルブルー惠比寿南 4F
時 16:00 ～ 00:00
交 **JR 山手線、崎京線** 惠比壽站徒步 2 分鐘

必吃之選天使蝦。整隻蝦炸到非常酥脆，蝦頭鮮，蝦肉甜，蝦尾脆，由頭到尾可以吃光光！因為太好吃了，我每次去都吃不只一隻。

連殼上的**他他醬炸蠔**，光看外表已經覺得很吸引。日本的炸蠔果然只可以用兩個字去形容：出色！炸衣夠香脆，但蠔身仍然滑嘟嘟，蠔汁鮮味，加上有飛魚籽在上面點綴，口感脆脆的，好吃。

牛油帆立貝，作為牛油控當然必點啦！帆立貝不算小，軟軟的挺不錯，不過如果可以再多點牛油就好啦（到底是在吃牛油還是帆立貝）！

喜歡喝酒的朋友注意啦！這裏提供大約 50 種酒，有葡萄酒、日本酒、燒酒等等。來到居酒屋即使不能喝酒精，也最好點杯飲品，這是日本的居酒屋文化，大家要記住啦！

這裏的串炸使用以玄米製作的米油，以比平常更高的溫度炸過，再以餘溫煮熟食材，因此可以保持食材的原汁原味避免流失，同時更加健康。另外以米油炸的串炸會比較清爽不滯膩，平日沒吃開煎炸油膩食物的朋友也不怕吃幾串就飽到上心口！

我第一次吃到**串炸蘿蔔糕**，而且外面還包了紫菜和脆米，實在太有創意了吧！是我們常常吃到的蘿蔔糕味道，但加上紫菜又有點像紫菜卷，很好吃呢！

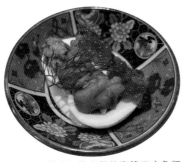

幾乎每枱必點的**海膽三文魚籽溏心蛋**（¥748），海膽非常美味，三文魚籽雖然不及北海道新鮮的卜卜脆，不過勝在夠飽滿鮮味，配上溏心蛋，鹹甜鮮度 100 分。

由於串炸即點即做頗費時間，可以點份前菜吃吃。這份**刺身拼盤**（¥1518）有 4 款刺身，重點是竟然有海膽，鮮甜無腥味，加分！

無限任食的**蔬菜沙律條**，即使不調味蔬菜也有自帶甜味。當然店家不會要大家直接生吃，會提供 4 種醬汁，這個醬汁還可以用來沾串炸吃，每一串食物來到店員都會教你點哪個醬，非常細心。

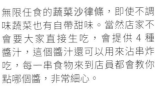

比中指更粗的**大蝦**，沒有蝦頭，所以沒有天使蝦那麼惹味，但勝在蝦肉肥厚爽彈，喜歡啖啖肉的朋友可以一試。

IMANO TOKYO HOSTEL

Hotel Via Inn Shinjuku

SETAN Studio

- shinjuku -

新宿

新宿是東京都最繁華的地區之一,新宿站曾經是其中一個最易令人迷路的車站,但自從東西自由通路開通後就變得易走得多了。新宿有大量俱樂部和卡拉 OK 店,超醒目的「歌舞伎町」路牌及紅燈區,還有非常吸睛的「哥斯拉」,可說是東京其中一個「不夜天」之地。不過其實新宿同時也有高級商場、藝廊、劇院、書店和酒店,細心的話會發現這裏是個雅俗共賞的地方呢!

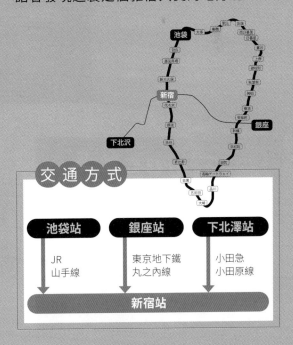

交通方式

池袋站	銀座站	下北澤站
JR 山手線	東京地下鐵 丸之內線	小田急 小田原線

新宿站

東急歌舞伎町 TOWER 是一棟樓高 48 層、地下 5 層，高度有 255 米的複合式商業大樓，集食買玩住於一身，甫開幕已經成為新宿著名地標。B1/F 至 B4/F 是 Live House "Zepp Shinjuku（Tokyo）"，可容納近 1500 位觀眾，是新宿最大的表演場地。1/F 至 5/F 進駐了餐廳和其他店家，6/F 至 8/F 是劇場及戲院，17/F 至 47/F 是酒店和餐廳等。以下就來看看東急歌舞伎町 TOWER 的看點吧！

2023 年 4 月 OPEN

東急歌舞伎町 TOWER

地 〒 160-0021 東京都新宿区歌舞伎町 1-29-1、3
網 www.tokyu-kabukicho-tower.jp/
交 ❶ **JR、地下鐵** 新宿站徒步 10 分鐘
　 ❷ **西武鐵道** 西武新宿站徒步 2 分鐘

Starbucks （1/F）

歌舞伎町 TOWER 的 Starbucks，靠窗的位置可以看到歌舞伎町的街景，如果累了想喝杯日本限定的 Starbucks 飲品不妨來坐坐看。這家店的內牆以馬賽克磁磚裝飾成 Starbucks 在哥斯達黎加的農園似的，樓梯旁還有個圓形海妖 Logo 彩繪玻璃可以打卡呢！

歌舞伎橫丁（2/F）

相信大家聽過澀谷橫丁、淺草橫丁等，今次就輪到華麗璀璨的「歌舞伎橫丁」！歌舞伎橫丁內約有 10 間平民食店，北海道、東北、關東、中部、四國、九州等等美食應有盡有。每家店的裝修都很值得細看，例如「中四國食祭」提供日本中國和四國的食品，有廣島燒、蒸蠔、香川名物讚岐烏冬、連骨大雞腿等，天花板掛上 17 隻由山口縣達人所製作的金魚燈籠，吸引不少人打卡。不過 Mika 曾經在這裏一家餐廳中伏（店名有個「北」字，別說我沒提醒你啦），所以千萬不要被美色迷惑，先看看 Google 或 Tabelog 評分再決定吧！

除了一般食店，這裏還有懷舊的士高球、表演舞台與 DJ 台，加上歌舞伎橫丁不少餐廳的營業時間是從早上 6 點開到翌日早上 5 點，幾乎 24 小時營業，如果錯過了終電，想夜繽紛一下可以來看看啊！

來到 namco 當然不少得扭蛋區和夾公仔區！要留意這裏幾乎所有機種都要用電子貨幣付款，所以記得準備好交通卡，萬一不夠錢可以現場增值，但沒有卡就不能玩啦（也可以使用手機 App）！

namco TOKYO（3/F）

想必大家也知道 namco 是一家遊戲中心，這家店配合了歌舞伎町夜繽紛的風格，使用了大量霓虹燈裝飾，效果有點像 Night club。這裏的特點是可以邊喝酒邊玩，店內有個賣酒專區，所以又被稱為「大人的遊戲中心」，晚上十點後小朋友就算有家人陪同也不能進店。個人覺得這家 namco 挺特別和好玩。

想玩賽車 Game、VR Game、海賊王卡 Game、抽一番賞，全部在這裏就可以做到。

很少見的超巨型夾公仔機！這部機力度算大，我見不少人夾兩三下就中了，尤其有很多男生夾來送給女生，看來是哄女生恩物喔！

THE TOKYO MATRIX（4/F）

THE TOKYO MATRIX 是以 2 人或 3 人一組打怪獸、找寶物，需要鬥智鬥力的遊戲，玩一次大約需時 20～30 分鐘。入場票為平日 ¥2250，週末及假日 ¥2450。提供英文說明和影片說明，就算不懂日文也可以玩得開心。

Hello Kitty、布甸狗、My Melody……相信這些 Sanrio 人氣角色陪伴不少香港人渡過了珍貴的童年時光。不說不知，原來 Sanrio 跟新宿頗有淵源，話說日本第一間 Sanrio 商店 Sanrio Gift Gate 就選址新宿，從 1971 年開店至 2022 年，足足超過 50 年歷史。

2023 年 4 月 OPEN

SANRIO 新宿店

地 〒 160-0022 東京都新宿区新宿 3-17-7 紀伊國屋書店新宿本店 1/F 名店街
時 11:00 ～ 20:00
交 ❶ **JR 新宿站** 東口徒步 3 分鐘
❷ **地下鐵丸之内線、副都心線、都營新宿線** 新宿三丁目站 B7 出口徒步 1 分鐘

店內有不少嬰兒用品，可愛又實用，就連軟積木都可以清洗，簡直是媽媽福音。

來日本一個唸來兩個唸走完全是等閒事！如果喜歡公仔唸，不妨來看看有沒有喜歡的 Sanrio 行李箱。此外大部分行李箱都有對應的角色行李袋，儲齊一套用真的很好看。我買過一個蛋黃哥的大行李箱，用了好幾年挺好推的，到現在還在家裏候命中。自從買了蛋黃哥行李箱我就沒再用過沒有公仔的行李箱，因為太顯眼了，絕對不用擔心被人拿錯，而且推着它在大街上走真的很可愛呢！

在 Z 世代中非常流行的各種卡簿、即影即有相套等等，我也買了一本布甸狗卡片簿用來放《動物之森》的 amiibo 卡（笑）。

2023 年 4 月，在舊 Sanrio Gift Gate 附近的紀伊國屋書店 1 樓（即地面）名店街內，比原店更大的 Sanrio 直營店 Sanrio 新宿店強勢回歸！這家店面積大約 64 坪，販賣大約 2000 項商品，粉絲們尖叫吧！

店頭最吸睛的莫過於門口的巨大 Hello Kitty 馬賽克雕像啦！足足有 180cm 高，在旁邊拍照顯得特別小鳥依人。等一下，不是說她的體重是 3 個蘋果加起來的重量，身高是 5 個蘋果疊起來的高度嗎？到底是哪裏出產的蘋果這麼巨大啊，哈哈～

日本非常流行公仔頭箍，幾乎每個樂園都會販售公仔頭箍，而且戴的人非常多！這裏有出售不少主要角色的公仔頭箍，布甸狗、Hello Kitty、My Melody 等等都有，從小童到女生都戴到。不得不說這些頭箍真的很可愛，小朋友戴着開派對一定會大殺菲林。

收銀處牆上的壁紙非常可愛，原來是由以往 Sanrio 商店用過的包裝紙圖案變成，好有心思。另外頭頂的士多啤梨吊燈也是一大看點，它們是在田園調布 Sanrio 士多啤梨之家出現過的士多啤梨燈。這家店集新舊於一身，粉絲們路經新宿不妨多走幾步來看看吧！

「龍乃都飲食街 新宿東口橫丁」其實並不是一條街，而是一幢有 4 層高，共 17 間食店進駐的美食大樓。「龍乃都」意指「龍宮城」，無論在店裏店外都有巨大金龍頭，非常好認。

這幢 24 小時開業的美食街在 2022 年 10 底開幕，佔地 900 平方米，共 1000 個座位，大家聽完是不是覺得很大很寬敞呢？不過事實是無論是觀光客還是當地人都已經聞風而至，採訪當日多人到爆！食客們都相當親密！而本人亦坦白承認，因為太多人而無幫襯…sorry！！！

2022 年 10 月 OPEN

龍乃都
飲食街
新宿東口橫丁

地 〒 160-0022 東京都新宿区新宿 3 丁目 36 － 12 杉忠ビル B1 & 1F
時 地面樓層 24 小時，
1F 及 2F 12:00 ～ 08:00
交 新宿站東口徒步 1 分鐘

嗯…如果不計食物味道，要以電影作比喻的話，我覺得「龍乃都飲食街 新宿東口橫丁」就是一套 cult 片（笑）。這鬼片般的韓國居酒屋到底是甚麼回事啊！

如果你想尋找很日式的美食店，「龍乃都飲食街」未必是你杯茶，因為一走進大樓內就會被滿滿的「中華紅」包圍，好不日本啊！！其實這裏主打亞洲美食，除了日式居酒屋，也有韓國定食、中華料理、泰式大牌檔，還有香港屋台！

作為香港人覺得最特別的，應該是美食街以港式懷舊霓虹燈招牌作裝潢，還原了香港 80 年代鬧市五光十色的璀璨場景，但同時霓虹燈招牌下卻是滿滿日本特色大牌檔，熟悉得來又有點陌生。加上一大個「的士高波波」掛在霓虹燈招牌之間，有點去了「香港主題酒吧」的感覺，如果想感覺更加濃烈，可以選擇在星期六晚 9 點到訪，到時會有 DJ 駐場打碟！

留意 24 小時營業的只有地面 5 家店舖，其他都是由中午 12 點開至早上 8 點，如果你有指定店舖想去，記得查清楚時間再來啦～

「龍乃都飲食街 新宿東口橫丁」是一家「吸煙目的店」，即是大家可以在店內吸煙，相信煙民們聽到要開支香檳！不過如果你是非吸煙者又怕二手煙，相信新宿會有其他更好選擇。

大家還記得位於新宿歌舞伎町對面的超巨型 LABI 嗎？在 2022 年 3 月，有 50 年歷史的日本體育專門店 Alpen Group 進駐這棟 8 層高的大廈，「體育購物天堂」由此誕生。Alpen TOKYO B2-3/F 的一半為 SPORTS DEPO 旗艦店，涵蓋的運動由足球、籃球、網球至棒球的服飾及裝備。

2022 年 3 月 OPEN

ALPEN TOKYO

地 〒 160-0022 東京都新宿区新宿
　3丁目23－7 ユニカビル
時 平日 11:00~22:00
　星期六日及假日 10:00~22:00
交 新宿駅東口徒步 1 分鐘

即使你不愛露營但愛煮食，這裏也有不少露營咖喱、調味料、廚具等在呼喚你，還有各種即使不是露營也可以用的超可愛「露營雜貨」，例如香菇暖暖抱枕等等…我覺得可以把這裏是「體育購物天堂」中的「體育」去掉，根本就是如假包換的購物天堂！6-7/F 為 GOLF5 旗艦店，提供哥爾夫菜鳥至鑽石級別的服飾及裝備，至於 8F 則為 OUTLET 或季節性運動用品，我去到時在賣滑雪用品，不過一心想掃平貨的大家最好先不要對 "OUTLET" 這個字眼抱太大希望…

如果你仔細留意地板，就會發現在賣跑鞋的區域是田徑場地板，而籃球鞋、籃球用品那邊則是籃球場地板。個人真的很喜歡尋找設計師給顧客的這些小驚喜，令人逛得好 WAKUWAKU（興奮）！

剛剛說到一半…3/F 的另一半（不是指伴侶，不准在單身人士面前放閃，OK？）至 5/F 就是 Alpen Outdoors 旗艦店，主打露營和戶外用品，當然不乏 Snow Peak、North Face 等大牌子啦～個人覺得這幾層光是逛都逛得好開心！放眼一看，到處都紮好了營，設好了帳篷，放好了椅子、柴火、電燈，好像只要我「竄」進去，就可以馬上露營似的（現實中當然不可以，好孩子不要學）！

如果有選中喜歡的帳篷，只要跟店員說還可以馬上設營看看。

總括而言 Alpen TOKYO 地方大，商品多，人流少，即使不是經常運動的朋友，就算只是想買雙日常波鞋，看看 Adidas、Nike 有甚麼商品，也不妨來一看。畢竟在新宿東口一出就到了，看了覺得不對胃口的話，馬上轉場就好了嘛！

從 JR 新宿站東口一出，就會看到 Cross 新宿大樓，這時大家記得不要「雞咁腳」走，來看看近年不停造成話題的巨大 3D 廣告牌吧！

這塊面積約有 150 平方米的 LED 曲面熒幕搭載了 4K 畫質與高音質音響設備，不斷播放超立體 3D 廣告，成為新宿必看「景點」之一。當中最為人熟悉的，當然就是 3D 巨大貓啦！但其實除了 3D 巨大貓，之後又出現了手機遊戲「DRAGON BALL Z：七龍珠爆裂激戰」、新宿 UFO、超巨大 Nike Air Max 球鞋、布甸狗等等。

新宿東口巨大 3D 廣告牌

地 〒 160-0022 東京都新宿区
新宿 3 丁目 38 － 1
交 新宿站東口直出

雖然相信很多人都知道 Cross 新宿大樓有 3D 廣告看，不過你們知道這些廣告其實會**跟鄰近 ALTA 大樓互動**的嗎？所以大家看的時候眼睛不可以只死死盯着左邊那個廣告，看到人物跳走了，或是忽然離開了框框的話，記得馬上看去 ALTA 那邊，才能看到完整的廣告故事！

大家還記得新宿東口一出，非常搶眼的水果店**百果園**嗎？那家店現在已經消失在歷史的洪海當中，取而代之是半室內、半室外的大牌檔「新宿屋台苑」。

這裏由 4 家店組成，分別是貝類大牌檔「貝道」、和牛燒肉大牌檔「新宿苑」、拉麵店「辛麵」、還有雞串大牌檔「布袋」。在室內的大牌檔感覺挺有趣的，就連天花板也花了心思裝潢，值得一讚。

2022 年 8 月 OPEN

新宿
屋台苑

地 〒 160-0022 東京都新宿区新
　 宿 3-24-5
時 11：00 ～ 05：00
交 新宿站東口徒步 1 分鐘

不用擔心每間大牌檔只有幾個座位，怕去不到心儀的店，這裏最大特色是**菜單是 4 家店共通的**，只要踏入新宿屋台苑，就可以一次過點到 4 家店的美食！想起來日本的食店非常「專一」，在拉麵店只能吃到拉麵（噢差點忘了還有其他碳水化合物例如餃子和炒飯…），但少有地方可以同時吃到拉麵、雞串、燒海鮮。如果每種食物都想試試，喜歡大牌檔風情又不想坐街邊，不妨來試試看喔～

一走進店內就會看到「魔法數位入口」，其實就是個數碼電子熒幕啦，不過它的設計猶如拱門一樣，感覺挺新鮮。

如果你是迪士尼的粉絲，就一定不可以錯過 Disney FLAGSHIP TOKYO 東京迪士尼旗艦店，即使你不是迪士尼粉絲，相信你身邊總會有個熱愛迪士尼的朋友！為了朋友能得到心愛的手信着想，不妨來看看這吸引眾多迪迪迷來朝聖的超大型迪士尼商店！

DISNEY FLAGSHIP TOKYO

地 〒 160-0022 東京都新宿区
　 新宿 3-17-5 T&TIII ビル
時 10:00 ～ 21:00
交 ❶新宿站徒步約 3 分鐘
　 ❷東京地下鐵丸之內線
　 　副都心線新宿三丁目站
　 　B6 出口直通

1 樓

夏天的時候 Disney FLAGSHIP TOKYO 1 樓會變成夏祭會場，好有氣氛！這些攤位不單是擺設，大家還可以玩遊戲贏公仔，想不到逛個商店都會這麼好玩，好棒啊！

當店限定的小熊維尼毛公仔。

毛毛的巨大聖誕襪！

當店限定膠環保袋，是超人氣商品之一！

Disney FLAGSHIP TOKYO 從 JR 新宿站徒步 3 分鐘，如果坐東京 Metro 可以在新宿三丁目站的 B6 出口直通，交通非常方便！離遠店外超過 440 吋的「迎賓大熒幕」不停播放迪士尼系列、PIXAR 系列、MARVEL 系列等等動畫，生怕大家不知道這裏有家迪士尼商店（笑）～

這家東京旗艦店一共有 3 層樓高，從地下 1 樓至地上 2 樓，總面積約 1710 平方米，光是看到數字已想像到有幾好逛啦！這裏也有「本店限定」商品，大家看到「限定」字眼就要留意一下啦！

打門杯麵蓋，裏面是一隻 tsumutsumu！

迪士尼跟不同藝術家的聯乘商品，它們同樣是每過一段時間就會消失，敬請留意。

2 樓可以買到東京迪士尼渡假區和海外迪士尼樂園才買到的商品，到訪時紫色的米妮商品真的看到我心心眼！不過仔細一看，原來香港迪士尼樂園也有賣…好啦反正貨如輪轉，下次大家來時可能會買到香港也買不到的東京或海外迪士尼樂園商品！重點是我人不在香港嘛，所以我還是逛得很開心啦～

刺繡米妮圍裙，
天啊美到想直接
穿出門～

好喜歡這帽子，要仔細看才會看到有米奇花紋，低調得來又好看，平日出門戴也不怕「太迪士尼」！

迪士尼的小小毛公仔系列うるぽちゃちゃん在 2022 年 7 月登場，那時只有米奇米妮、Chip & Dale 等等元老級人馬，現在就多了很多角色。うるぽちゃちゃん的名字由「うる」和「ぽちゃ」組成，意思是眼淚汪汪和少少肥，圓圓的很可愛的意思，這樣一看又真的很貼切呢！接下來相信有更多角色會うるぽちゃ化，大家可以期待喔！

在 2 樓可以找到各式各樣的家品，和跟各品牌聯乘的手袋、背包，還有如果你走到很裏面的話，就會看到個小小的特價商品區，幸運的話可以以平價斬獲心儀商品喔！

這個烏克麗麗的斜揹袋會否太可愛？
夏天我要背着它去沙灘玩！

首設客製服務

D-Made Lab 客製專屬服務同樣值得推介，本身這個服務只在迪士尼的網上商店可以找到，這裏是**首家可以使用 D-Made 服務的實體店舖**。D-Made 區域的櫃檯上放滿了平板裝置，用它就可以製作出自己想要的商品，例如在 UniBEARsity 的腳上加上日子、名字，或者選擇喜歡的帽或 Tee 顏色和花紋等等，送禮還是作為紀念日禮物都一流啊！

STAR WARS、MARVEL 系列，還有小童向的商品，都可以在地下一樓找到。

想了解鄰近新宿暖簾街倉庫別館，就要從鄰近新宿暖簾街講起。鄰近新宿暖簾街於 2017 年開幕，將多棟並排的古民家改建成餐廳，搖身一變成為一條懷舊飲食橫丁，昭和風的食街得到不少當地居民和上班族好評。漸漸鄰近新宿暖簾街由 8 間酒場增加至 10 家，到 2022 年 1 月，由建築食街化企劃決定「好好再嚟」，位於旁邊的鄰近新宿暖簾街 倉庫別館就是這樣誕生啦！

2022 年 1 月 OPEN

ほぼ新宿のれん街倉庫別館

鄰近新宿暖簾街倉庫別館

地 〒 151-0051 東京都渋谷区千駄ヶ谷 5 丁目 20 － 10
交 ❶ **JR** 代代木車站東口站前
　❷ **新宿站** 南口徒步 5 分鐘
　❸ **北参道站** 1 號出口徒步 5 分鐘

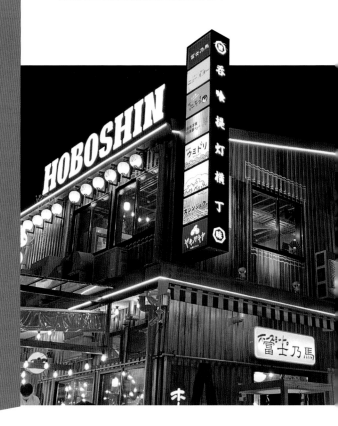

超抵蠔吧

好蠔的我之前誤打誤撞進了家蠔吧ヤキガキヤ oyster& wine，這裏幾乎所有生蠔燒蠔熟蠔都是 ¥330 一隻，超！便！宜！不過始終是海鮮，便宜莫貪，我唯有犧牲自己，將生蠔、燒蠔、其他菜品都一試再試，結果證明…「蠔蠔味啊～～～～～」（好好味啊～～～～）生蠔由日本全國直送，我去時有來自岩手、兵庫、北海道等產地共 7 款生蠔，我全部都試了一遍（部分「試」了 2～3 遍），全部新鮮無腥臭味，¥330 一隻實在是難以置信！要雞蛋裏挑骨頭的話，就是白酒杯竟然不是玻璃而是膠的…店名有 "wine" 字可是又用膠杯，有點自拆生招牌的感覺…不過氣泡酒用的就是玻璃杯，馬上覺得喝得好舒暢～～～

目前倉庫別館一共有 7 家餐廳，包括直送新鮮馬肉的大眾酒場「富士乃馬」、復古中華食堂「ニュースター」、食肉獸至愛的「豚肉洋食俱樂部イロハ」、打卡必去壽司居酒屋「スシンジュク」、韓國居酒屋「ホンデポチャ」等。除了室內座位，也有露天茶座，嗯…因為是酒場所以可能說露天「酒」座更加合適？寒底的找冬大時坐外面就「不用了，謝謝」，不過到了櫻花季，非常推薦大家坐在外面看着櫻花盛開，花瓣飄在你的啤酒泡上的浪漫場景～

晚上的露天「酒」座好有氣氛！

「倉庫別館」顧名思義是由美式鐵皮舊倉庫改建而成，是全日本第一條以倉庫改建而成的美食街！「倉庫」鐵皮外牆配上日式燈籠，跟五顏六色的彩燈招牌混在一起竟然毫無違和感，比之前的鄰近新宿暖簾街多了一種工業和現代風，亦帶點昭和初期的和洋融合風格。

實不相瞞，一向有點宅的 Mika 為了探路才第一次走進橫丁，誰知一走進街內就有超巨型的吞拿魚吊在半空，沒心理準備的膽小鬼承認有 1% 被嚇到，不過相信遊客們來到一定好興奮！此外還有以船為設計主題的餐廳。各有個性的餐廳招牌與一排的日式燈籠十分吸睛，但就不知道為甚麼明明是「暖簾街」卻不是所有餐廳都掛暖簾（笑）。由於這裏人流不多，感覺十分舒服，大家來到可以先逛一圈，好好感受場內氣氛，研究各家菜單，再決定要吃哪家！

每件生蠔只需 ¥330。

除了生蠔，也推介這個海膽和牛燒蠔，鮮甜、肥美、多汁，正！

最後聰明的讀者可能在店名已經看出端倪，鄰近新宿暖簾街倉庫別館位於澀谷區，最近的車站是代代木而不是新宿站！不過從新宿南口（高島屋那邊）走過去只需 5 分鐘，果然是「鄰近新宿」，不過可能改為「鄰近新宿但更近代代木新宿暖簾街 倉庫別館」更不會惹人誤會！

舊代代木東口站前商店街在 2022 年 8 月改建成 YOYOGI BROADWAY。這裏是一個非常大的街區，除了有剛剛提過的鄰近新宿暖簾街、鄰近新宿暖簾街倉庫別館，亦有其他餐飲店，例如紐約風格咖啡廳暨酒吧 BROADWAY DINER。這裏又有定期舉辦各式各樣展覽和活動的藝術空間 GALLERY10 TOH，喜歡藝術的朋友可以來感受一下藝術氣息。如果有跟我一樣喜歡打卡的朋友，可以從近代代木車站那邊的入口處來到 BROADWAY SQUARE，這裏有幅超巨型的美式塗鴉牆，可以來拍張「不羈少年」的照片（笑）。

2022 年 8 月 OPEN

YOYOGI BROADWAY

地 〒 151-0051 東京都渋谷区
　 千駄ヶ谷 5-20-10/11/12
交 ⊚**JR** 代代木車站東口站前
　 ⊚**新宿站** 南口徒步 5 分鐘
　 ⊚**北參道站** 1 號出口徒步
　 　5 分鐘

這張明顯是錯誤示範⋯一來不夠「不羈」，二來把 "B" 字擋着根本無法接受／０＼

日本有個「士咩」文化（SHIME，漢字「〆」），指收尾的意思。以前日本人大多會以拉麵當作「士咩」（肥死！），近年北海道漸漸掀起一波「士咩芭菲」潮，大家下班大吃大喝後不再去吃拉麵烏冬蕎麥麵，取而代之是大人口味的「士咩芭菲」（一樣肥死）！

夜パフェ専門店

PARFAIT-ERIA BEL
新宿三丁目

地 〒 160-0022 東京都新宿区新宿 3-8-2
　　クロスビル 4F
時 星期一至四 17:00～23:00(L.O.22:30)
　　星期五及假期前日 17:00～24:00(L.O.23:30)
　　星期六 15:00～24:00(L.O.23:30)
　　星期日及假期 15:00～23:00(L.O.22:30)
交 ❶ 都營地下鉄新宿線新宿三丁目站
　　　徒步 1 分鐘
　　❷ 東京地下鐵丸之内線、副都心線
　　　新宿三丁目站徒步 3 分鐘

Parfaiteria beL 是北海道發揚的「士咩芭菲」系列店，在東京一共有三間，位於澀谷、池袋和新宿，每一家都人氣極高，7 時後不能預約，只能親身去拿整理券，「菲」常巴閉！我去過新宿店和池袋店，兩家店都大約等了 1 小時，好在拿了整理券後不必「肉身排隊」，只要輸入 email，臨到入座前就會收到通知，算是討厭排隊的人們的小確幸啦。

如果在秋天到訪，就有機會吃到跟我一樣的季節限定「神梨月」芭菲。它以晚上月亮升起為主題，說是藝術品也不為過！我就覺得這類比較清淡的芭菲比較適合我，始終是「士咩」，說明之前已經吃過飯才來，小鳥胃如我（？）要一個人吃完一大杯芭菲的話，還是選擇使用較多新鮮水果製作而成的芭菲較好。留意「士咩芭菲」基本上是為了大人而設的甜點，例如「神梨月」芭菲就加入了焙茶果凍、大吟釀果凍等等，如果是一家大小出遊，就未必非常適合啦～

Parfaiteria beL 每家店都會有固定的主打芭菲和其他季節限定芭菲，新宿店的皇牌是**開心果芭菲**，除了有濃厚開心果雪糕與粒粒開心果果肉，裏面還包含了 19 種材料如竹炭蛋白、巧克力意大利雪糕、開心果布甸等等，下方的中空設計也是這個芭菲的一大看頭，可說是能夠同時滿足你的味覺與視覺。

↑ぼんず（見上方地圖）

- ikebukuro -

池袋

曾經住過池袋一段日子，所以對池袋特別有感情！池袋與新宿、澀谷並列為山手線的三大副都心（當然乘副都心線也可以來到池袋），這裏有東京藝術劇場，會定期上演古典音樂會和歌劇，同時又有風俗街紅燈區，想要泡泡洗體？池袋幫到你！池袋又有東西之分，主要以 JR 東口和西口作為分界，東口最著名的就是 Sunshine City 陽光城，而西口就有另外一家「陽光城」，主要賣華人食物（笑）。如果想吃到地道、非連鎖店的地方，來西口可能比較適合，但如果你想夾公仔，喜歡動漫的話，就要去東口那邊啦！

交通方式

羽田機場	成田機場	
京急空港線 エアポート急行 （泉岳寺行）	Skyliner	
品川站	**日暮里站**	**新宿站**
JR 山手線 渋谷・新宿方面 （外回り）	JR 山手線 池袋方面 （內回り）	JR 埼京線、山手線、湘南新宿線

池袋站

Sunshine City 展望台在 2022 年結業之後，2023 年 4 月改建為「陽光 60 瞭望台 TENBOU-PARK」重新開幕，遊客可以坐在「草地」上野餐休息，俯瞰東京美景，也有很多親子空間，成為親子、情侶的觀光好去處。

圓形椅和鞦韆椅都是拍照點，圓形椅還有聖誕裝飾，看起來就像聖誕環一樣。

2023 年 4 月 RENOVATE

サンシャイン 60 展望台てんぼうパーク

陽光 60 瞭望台
TENBOU-
PARK

地 〒 170-0013 東京都豊島区東池袋 3-1 サンシャインシティ サンシャイン 60 ビル 60/F

時 11:00~21:00（最後入場時間 20:00）

費 （平日）成人 ¥700、小學至初中生 ¥500，（星期六日及假期）成人 ¥900、小學至初中生 ¥600，（特別繁忙日子）成人 ¥1200、小學至初中生 ¥800

在 Sunshine City B1/F 有電梯可以直達 60 樓，電梯內還會播放星空畫面呢！

好可愛的繩網椅，冬天還會添加色彩繽紛的冷椅套。提提大家帶小朋友來要好好看看，以免發生意外喔！

早上和中午時分來到的話，會發現有很多很多小朋友！因為這裏有不少幼兒設施、玩具、繪本等等，根本就是兒童遊樂場。不過到了晚上就充滿浪漫氣氛，在昏暗燈光和醉人夜色下，就成為情侶談心勝地，單身人士小心會被閃到！

展望台有個由鏡子組成的打卡位,將美景反映到不規則鏡子上面,非常特別。日景和夜景各有美態,兩者我都喜歡!

「展望之丘」鋪了人工草皮,大家可以免費借用野餐墊,冬天還提供冷毛毯,圖案有代表池袋的貓頭鷹,還有代表我 YouTube channel 的 3 粒菇菇菇(實屬巧合)!部分草皮地區可以自攜食物野餐,但不是全部區域都可以開吃,動筷之前要看清楚喔!

在展望台可以零死角、無遮擋俯瞰東京美景,無論白天、黃昏還是晚上都美不勝收。

除了人工草地,還有雲朵形椅子,坐在上面就像在天空雲朵上俯瞰大地。這些椅子人氣超高,大家不要長期坐「霸王椅」,如果看到有人等很久就禮讓一下吧!

近年很流行「火懵」,即是看着火發呆,會感到很舒壓療癒。展望台也有個「偽營火」,大家可以坐在旁邊圍爐「取暖」。

有美景相伴當然好,但對為食鬼來說美食也不可或缺。展望台的 Cafe 提供多款蛋糕,有巧克力蛋糕、千層蛋糕、時令水果蛋糕等等,也有不同種類飲品。買完就可以去窗邊座位看着風景吃點心,度過美好的東京時光。

大家還記得我曾介紹池袋 Sunshine City「全球最多扭蛋機專門店」的 Gashapon Department Store 嗎？目前這家店的原址已經變成 BANDAI NAMCO Cross Store 東京，集合**不同類型的動漫專門店**，Gashapon Department Store 是其中之一。2023 年 11 月 BANDAI NAMCO Cross Store 東京二期開幕，增添 8 家動漫專門店，比以前的扭蛋店更多元化，動漫迷必到！由於商店太多，我就精選一些跟大家介紹吧！

2023 年 3 月 OPEN

BANDAI NAMCO CROSS STORE 東京

地 〒 170-8630 東京都豊島区東池袋 3-1-3 サンシャインシティワールドインポートマートビル 3/F

時 約 10:00~21:00（因店而異）

交 **JR 東武東上線、西武池袋線** 池袋站徒步約 8 分鐘
東京地下鐵有樂町線 東池袋站徒步約 3 分
都電荒川線 東池袋 4 丁目站徒步約 4 分

一番賞官方店「池袋 Sunshine City 總本店」

一番賞官方店在二期開幕後也擴建翻新了，除了店面比以往大，展出更多景品，更多一番賞，最特別是新增了打卡 Corner，例如抽中一番賞的話可以在大隻佬的人形立牌後露出神氣囂張的樣子拍照。另外設有自轉模型台，可以把抽中的模型放上去自轉，旁邊還放有腳架、自拍神器等等，可以 360 度拍攝模型（前提是要抽到）。

店內展示了業界第一代移動式機械人扭蛋殼收集機,看來不久的將來會看到它們正式投入服務?

PREMIUM GASHAPON 主打超常識、令人驚艷、高品質扭蛋,容許吃了「吐真劑」的我說一個字,就是「貴」!這些扭蛋例如《新世紀福音戰士》要 ¥1500 起,扭出來就是小小的模型,跟 ¥500 扭蛋的質素不算差很多,當然如果荷包君有迫切需要減重,扭多幾扭確實有幫助。

ガシャポンのデパート Gashapon Department Store

不少人都擔心 Gashapon Department Store 變成店中店後,扭蛋機的台數會變少,其實這裏仍有多達 3 千台扭蛋機,成功保持「有最多扭蛋機的單一場所」健力士世界紀錄。不過扭蛋店的面積比之前小,砌扭蛋的空間、扭蛋打卡位都被壓縮了,有點可惜。

TAMASHI NATIONS

TAMASHII NATIONS 池袋店是繼橫濱、博多、京都的 BANDAI NAMCO Cross Store 分店後第 4 間門市,主要賣 ROBOT 魂、S.H.Figuarts、Figuarts ZERO、Figuarts-mini 等模型,喜歡模型的朋友不要錯過啦!

BANDAI SPIRITS Hobby SHOP

BANDAI SPIRITS Hobby SHOP 主要賣簡易版的模型玩具,讓大人小孩都可以過過砌模型的癮。很多模型 6 歲以上就可以砌,小朋友也可以砌到。

BANDAI CANDY Official Shop

主要出售跟食物有關的玩具（留意玩具是不可以吃的），讓大家寓食於玩。最經典的有卡片玩具，裏面可能有一顆糖果和一張隨機角色的卡片，如果想抽到本命就可能要買很多卡，所以又可以一整盒卡片買。另外也有小小模型公仔等各種食玩商品。

Sun Star 文具

Sun Star 文具主打動漫和遊戲商品周邊的文具和精品，連我最喜愛的《動物之森》精品也有，好可愛。此外大受日本小朋友歡迎的麵包超人精品選擇多多，帶小朋友來的話要小心這區有很多「麵包地雷」，哈哈！

Charanics shop

由株式會社 C・C・P 推出的 Charanics shop 是家電品牌，出售不少與卡通動漫聯乘的實用家品，有廚房家電、室內燈，冬天有保暖家品如發熱公仔、毛毛拖鞋等等。個人覺得「愉快動物餅乾」夜燈好可愛啊，童年回憶頓時湧現！

shop NUI 出張店

日文「出張」是指出差，原本「shop NUI」是由株式會社 BANDAI NAMCO NUI 經營的線上商店，池袋這家是首間實體店，主打 Chibi 玩偶系列，還有跟其他動漫聯名推出服飾等商品。Chibi 可以幫玩偶穿衣服，又可以買奄列蛋被鋪、嬰兒睡床等等給玩偶，因為太可愛變化又多，不少人會幫 Chibi 玩偶拍寫真。Chibi 玩偶也有推出哈利波特系列，當我看到 Chibi 石內卜被塞在嬰兒床上時真的忍不住一陣大爆笑！

遠看以為是普通的 Sanrio 玩偶，原來是手機裝飾，可以貼在手機殼又可以隨時拿下來，一看就知道大受年輕人受迎。

MegaHouse Official Store

MegaHouse Official Store 在橫濱及博多的 BANDAI NAMCO Cross Store 大受好評，今次終於開到來東京，主打 LOOKUP 及 MEGA CAT PROJECT 等人氣角色公仔系列商品。當中我特別喜歡 LOOKUP 系列公仔，角色們臉鼓鼓的向上望，好像可憐的小貓咪，我要買！

BANPRESTORE

店內有家夾公仔店 BANPRESTORE，每個月會有約 100 件景品等着大家，機型也相當新。不過由於景品局限於跟 BANDAI 合作的產品，所以反而在 GiGO 等地方會有更多選擇。

BIKKURA TAMAGO OFFICIAL SHOP

日本人有泡澡習慣，喜歡使用入浴球，而這裏的入浴球則是會嚇你一跳的「嚇一跳入浴球」，在碳酸氣泡入浴劑溶解之前，你不會知道入浴球裏面藏着哪一款玩偶。這些玩偶有的還可以在水上飄飄，陪你度過愉快的泡澡時光，即使家裏沒有浴缸也可以帶一個去酒店泡。

Cafe Corner

如果很認真逛，可以在這裏逛好久好久，腳都酸！想坐坐充電可以到 Cafe Corner 點杯跟動漫聯乘的咖啡，上面印有喜愛角色的樣子，座位很多基本上不用排隊，是個不錯的「歇腳亭」。

池袋 Sunshine 水族館
全新區域

海月空感

地 〒 170-8630 東京都豊島区東池袋 3-1 サンシャインシティ ワールドインポートマートビル屋上

時 春夏：09：00 〜 21：00
　　秋冬：10：00 〜 18：00

費 成 人 ¥2600 〜 ¥2800、 小 童 ¥1300 〜 ¥1400、幼兒 ¥800 〜 ¥900

交 ❶ **地下鐵丸之内線、副都心線**池袋站 35 號出口徒步約 8 分鐘
　 ❷ **地下鐵有樂町線**東池袋站 6・7 號出口，徒步約 3 分鐘

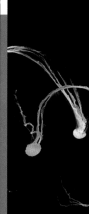

除了真正的水母，展館內的樓梯也跟以往不同，現在會利用投影技術將水母游動的影像投影在樓梯上，走樓梯時自己就像成為了水母的一份子，非常有趣〜

池袋 Sunshine 水族館並不是甚麼新景點，不過 2020 年水族館加入了**水母水槽「海月空感」**，吸引了很多觀光客去欣賞這個區域！

「空感」又可以唸作「空間」，而海月就是海月水母的意思，連起來就是海月水母的空間啦～它有日本國內最大，長 14 米的弧形全景熒幕水槽，一望無際（其實有「際」，不過也真的是很寬廣）。配合燈光和音樂效果，夢幻得來非常唯美！

留意以前去池袋 Sunshine 水族館可以即場買票，但現在必須先在網上購票才能進場，而且因為季節開放時間亦有所不同，大家記得要先準備好才來啦～

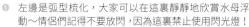

① 左邊是弧型梳化，大家可以在這裏靜靜地欣賞水母浮動～情侶們記得不要放閃，因為這裏禁止使用閃光燈！
② 水槽頂部的凹凸紋看起來就像海月水母在宇宙中飄浮，超唯美！這樣想起來，宇宙難道不像一個浩瀚無邊的大海嗎？
③ 這種「鬚鬚」長長的是黃金水母，牠們的觸手共有 24 條，長度可達 45 厘米，好誇張！為了讓觀光客可以清楚看到水母的觸手，同時不要令水母們的觸手「打交」，水族館安排了長型的屏風水槽，足見心思。呃，不過老實說牠們令我想起了另外一樣東西，不要假裝你們沒有聯想到！
④ 夢幻的水母隧道！被海月水母從左邊右邊上面包圍，竟然有種「我並不孤單」的感覺，明明玻璃內是冰冷的海水，我卻覺得暖在心頭。

大創產業（DAISO）首家全球旗艦店於 2022 年在銀座開幕，其後在 2023 年再有旗艦店落腳於池袋東武百貨店。此店勝在交通便利，跟池袋車站直結，只要來到西口扶手電梯旁甜品賣場的電梯上6 樓，一開門就來到 DAISO，實在太方便啦！

2023 年 2 月 OPEN

DAISO+ STANDARD PRODUCTS

BY DAISO + THREEPPY

地 〒 171-8512 東京都豐島区西池袋 1-1-25 東武百貨店池袋本店 6/F
時 10:00~20:00
交 JR、東武東上線、西武池袋線 池袋站西口直達

DAISO 除了販賣各種廚房用品、文具、美妝、清潔用品，也有懷舊日本風的「駄菓子屋」，供應各種昭和、平成時代的懷舊零食。此外個人覺得 DAISO 最有看頭就是跟其他品牌合作的聯乘商品，設計又好又實用，但只要 ¥100 就可以入手，而且不少都是 DAISO 限定，例如跟迪士尼聯乘的精品在迪士尼並不會找到，即使在迪士尼商店有類似款式，可能要花 10 倍價錢才能買到！

近來日本很流行用 ¥100 店的美甲用品美甲。平時去美甲店動輒要花好幾百元，但這裏的指甲油只需 ¥100，就連藍光機也只需 ¥300！

生活雜貨店 Standard Products by DAISO 走簡約、中性路線，可以想像成平價版無印良品。大部分商品價錢為 ¥300，也有特別商品售 ¥1000，例如愛媛縣今治市的日本國產大浴巾要 ¥1000，雖然不是銅板價，但如果去其他商場要用 3、4 倍價錢才能買到。如果喜歡木製廚具也可來看看能否遇到心頭好，大部分只售 ¥300 喔！

3 家店包括 ¥100 店 DAISO、¥300 店 Standard Products by DAISO 及 ¥300 店 THREEPPY，一共佔地 700 坪，出售超過五萬種商品，全部都超高 CP 值，可以盡情全部落力地掃！

THREEPPY 有售懶人料理必備叮叮餐盒，只要將蔬菜和意粉等放進容器內叮叮就可以開吃，連火都不用開！

壓軸登場就是 ¥300 店 THREERY。大部分商品都相當少女，走可愛夢幻風，當然也有部分商品設計相對低調。THREEPPY 的餐具是「無得輸」，顏色、設計和質感都很好，我家裏不少碗碟匙叉都是 THREEPPY 出品，可愛又實用，就連抹布的質地也很好，非常推介。

這裏有不少扭蛋機和陳列櫃展示扭蛋公仔，大家會在 1/F 扭海報、襟章等等，如果抽不到本命也不要緊，大門外有不少人在等着和你交換，說不定你們的本命就在對方手上呢！

池袋有「動漫聖地」之稱並非浪得虛名，因為這裏的動漫主題專門店真的有太多太多啦！不知道大家有沒有聽過 animate 呢？它是日本動漫、電玩周邊商品連鎖店，早在 1983 年已於池袋開設一號店「animate 池袋店」。此店附近亦集合了不少其他動漫主題專門店，特別是同人誌、BL 專門店等等，吸引不少女粉絲前往，所以那一帶又有「乙女路」之稱，是女性向御宅族的天堂。

2023 年 3 月 RENOVATE

ANIMATE
池袋本店

地 〒 170-0013 東京都豐島區東池袋 1 丁目２０－７
時 平日 11:00 ～ 21:00、星期六日 10:00 ～ 20:00
交 **JR 山手線** 池袋站東口徒步 5 分鐘

一進來就會看到超巨大熒幕，有時會播放動漫節目。

走樓梯的時候不要只顧看地下，看看牆壁上的簽名和漫畫吧！

1/F 有家小小咖啡廳 Gratte，不過「醉翁之意不在啡」，這裏的咖啡可以選擇不同的動漫角色造型，還會送上小小的動漫周邊。如果只想要動漫造型零食，也可以直接購買。

4～6/F 是各種動漫周邊產品，如果想買精品可以直接來 4/F，Space A lo mode 出售動漫主題服飾、鞋子、香水等等，穿上身也不會太浮誇太宅，但若然遇到同好對方又能認出自己，我就很喜歡這種「低調宅」啦！暫時 Space A lo mode 有出售《進擊的巨人》、《東京復仇者》、《鬼滅之刃》等等少年漫畫商品，不用擔心會太乙女向。

適逢 2023 年是 animate 池袋店的 40 週年紀念，店家就在 2023 年擴建翻新開幕。擴建後樓高 10 層，面積是以往的 2 倍，出售數十萬件動漫商品，集動漫精品、Cafe、服飾、Live Hall 於一身，成為動漫界的「新」地標。

2～3/F 主要販售漫畫和雜誌，大多以出版社或新刊等分類，大出版社如集英社、講談社基本上有齊，另外同人誌和 BL 系漫畫當然也不少得。大家在找書的時候不妨留意一下你心愛的漫畫作者有否留下精美的簽名卡呢？可能會有驚喜喔！

來到 6/F 就有各種 CD、DVD、遊戲等等，另外也有聲優的作品集，想儲動畫 DVD、應援聲優的粉絲可以來找找看。

由於周邊商品實在太多，一時三刻沒辦法全都看完。如果時間有限，可以看看陳列櫃最上方的牌子，上面有標名是哪套動漫電玩作品的周邊，這樣就可以更快找到心頭好啦！

齊鼓掌！池袋又一大型遊戲中心誕生啦！還記得2021年9月池袋GiGO結業嗎？當時很多粉絲都傷心不捨，更有不少人在那天到場見證28年歷史結束的一刻。不過在2年後的2023年9月20日，沒錯就是在當年9月20日閉店的這天，GiGO總本店在池袋Sunshine60通原址再開幕！店舖總面積947坪，高4層，規模之大令粉絲拍爛手掌！

2023年9月OPEN

GIGO 總本店

地 〒170-0013 東京都豊島区東池袋一丁目13番6号ロクマルゲート池袋B 1/F～3/ F
時 10:00~23:00
交 **JR池袋站** 東口徒步3分鐘

2/F設有幾十部扭蛋機，不過種類和台數並不算多，如果想主攻一般扭蛋，建議還是到Sunshine City的BANDAI NAMCO Cross Store東京扭吧！

想試試自己有沒有被命運之神眷顧，就來扭扭¥3000 一次的豪華扭蛋吧！好運的話有機會抽中 Switch、live camera、智能體重磅等等豪華禮物，聽到有 Switch 想必大家都躍躍欲試吧！不過萬一抽不中也可能得到一條普通到不行的珠仔手鏈，要做好心理準備才扭啊！

如果你是音 Game 迷，一定一定要到 B1/F 玩！原來 GiGO 總本店是日本音樂電競賽 BPL GiGO 隊的關東據點，所以這裏放了不少 BPL 賽會使用到的專業音樂機台，當然也有其他人氣音樂遊戲機、跳舞機等等啦！

GiGO 總本店的 1/F 和 2/F 設置了大量夾公仔機，機型和景品都相當新，部分景品在其他店很難找到。Mika 到訪時就目擊因為路飛五檔的模型太過人氣，竟然要排隊才可以夾。除了一般的模型、公仔，還有食物、迷你機台等等，基本上大部分夾公仔機都有齊。

雖然不知道為甚麼去遊戲中心要吃鯛魚燒（知道的朋友請告訴我），不過秉承以往傳統，這裏 2/F 開了家鯛魚燒店，還會不定期與動漫卡通合作推出角色造型鯛魚燒。

在其他遊戲機方面，除了常見的街機、賽車遊戲、籃球機等，這裏還有電車 GO 可以玩！電車 GO 的粉絲不要錯過啦！

2/F 有個日本歌舞伎的「松羽目」舞台，原來是跟百年能劇舞台製作「金井大道具」共同製作，有時上面還會擺放跟動漫合作的人型立牌，讓粉絲們可以盡情合照。

日本人氣爆谷店 HILL VALLEY 也進駐 GiGO 總本店啦！大家買完爆谷和鯛魚燒，可以在靠窗的座位一邊看着 Sunshine60 通的街景，一邊慢慢吃。我在想這個位置是不是為了讓大家等夾來夾去都未夾到的朋友而設的呢？（就像女裝手袋店有梳化讓男伴們等等的概念）

大家還記得以前在 Sunshine City 旁的 Tokyu Hands 嗎？當初它宣布要閉店時，真的不少人都一般眼淚，就連我媽也說不捨得！不過現在 Tokyu Hands 的舊址已於 2022 年 11 月中改建成大型家品店 NITORI。

2022 年 11 月 OPEN

NITORI

地 〒 170-0013 東京都豊島区東池袋 1 丁目 28 番 10 号

時 10：00～21：00

交 ❶ **JR 山手線**池袋站 35 號出口徒步約 6 分鐘
　❷ **地下鐵有樂町線** 6・7 號出口徒步約 6 分鐘

來到 2 樓就是廚房用品，東西都很美，而且杯杯碟碟好看又不貴，我家裏也有幾個呢～

3 樓的毛巾、櫃桶，還有蒸面機等。

這個杯子只要倒了水進去，水就會變成彩虹色似的，太美了啦！

不得不說 NITORI 的被鋪、床單等等都十分優秀。大家記得選有「保濕」的那種，就不會令皮膚乾乾癢癢的啦～

暖暖的地毯，而且設計也很好看！比較便宜的保暖度較低，比較貴的就高一點。放一張在家，省回不少電費，不過副作用就是「懶人製造機」，相信 NITORI 並不會為此負上責任…

這幢 NITORI 有 8 層之多，面積約有 1810 坪，規模冠絕新宿、澀谷和池袋其他 NITORI 店舖。這裏出售的家具加起來約有 1 萬 2670 種，當中有 1362 種是家具，其他都是家品，想慢慢逛逛家具店的話，這裏一定不會令你失望！

1 樓主要賣季節性用品，2 樓主要是煮食用品、餐具等等，3 樓比較多日常用品，如洗手間用品、收納用品，冬天想買被爐的話，去 4 樓就對了，5 樓有玄關用品，6～8 樓是比較大件的家具，如果時間有限，主要逛 1～3 樓，再有時間一併逛完 4 樓就差不多啦～

NITORI 的玩偶們同樣是搶手貨！價格合理，重點是非常好摸，有柔軟的，有彈性的，大的小的應有盡有。

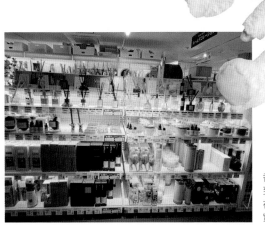

這邊是植物、花盆和跟 living style 有關的用品，只要吊一個小盆栽在家中，馬上令家具提升了一個格調！

香薰也有很多種類，不過來到這裏很快就不知道自己正在聞哪個香薰的味道，因為實在是太太太香啦！

池袋西口有一家超好吃燒肉店「燒肉ホルモンぼんず池袋本館」，我第一次去就愛上啦！這裏的店名雖然主打燒肉和燒內臟，不過即使不吃內臟的朋友也不用擔心，因為光是肉類就已經令人有選擇困難症！

師傅在廚房即場手切新鮮和牛。

2022 年 5 月 OPEN

燒肉ホルモン
ぼんず
池袋本館

地 〒 171-0021 東京都豊島区西池袋 1-35-2 明徳ビル 1F
時 平日 16：00 ～ 00：00、星期六日及假期 11：30 ～ 00：00
交 JR 東武東上線、西武池袋線 池袋站西口徒步約 2 分鐘

想吃少少飯又不想點一整碗白飯，可以點這個牛肉壽司，大家看那和牛尾巴也太長了吧！整個卷起來一口吃下去，豪爽！

牛拖羅與醃蘿蔔，配上紫蘇葉和紫菜，一口咬下去有幾種口感，牛拖羅柔軟，醃蘿蔔脆口，非常清爽～

我自問是「生肉勇者」，想挑戰我可以來個中班「生牛肝」，只要輕輕一灸就可以吃。牛肝非常甜，配上加了鹽的特製麻油簡直一絕。其實日本餐廳不可以提供生牛肝料理，所以店家會讓客人自己烤，生熟程度自行決定。我建議先從半熟開始吃，因為不常吃生內臟的話可能抵抗力較低，你也不想在餘下旅程每天抱着馬桶過吧！

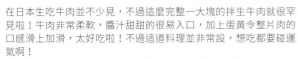

在日本生吃牛肉並不少見，不過這麼完整一大塊的拌生牛肉就很罕見啦！牛肉非常柔軟，醬汁甜甜的很易入口，加上蛋黃令整片肉的口感滑上加滑，太好吃啦！不過這道料理並非常設，想吃都要碰運氣啊！

店外掛着大大個燈籠寫着「絆」，就是店名中「ぼんず」，人與人之間的關係的意思。剛開始我也不太明白有甚麼特別意義，始終日本有很多店名都是「絆」，就連《火影忍者》啊、《銀魂》啊，都是開口閉口就是「絆」（笑）。不過當我進到店內，看到個個店員都超親切，所有肉都會幫忙燒，一邊燒一邊跟食客聊天，我就明白到這裏說的是店家與客人的親密關係，令人吃得心情特別愉快。

生拌牛心臟，簡直是極品啊！牛心彈牙爽嫩，沒有一點腥味，加上甜甜的醬油與生雞蛋拌在一起，不吃真的是損失。

壽喜燒風的燒和牛，超薄和牛燒到半生熟，配上生雞蛋和壽喜燒汁，生雞蛋非常濃郁，沾滿整片和牛，口感特別滑溜，牛脂香氣一層一層地滲出來，又一道必點極品啊～

非常罕見的牛尾燒肉，整塊原骨上！燒到差不多時，店員就會剪成一口大小方便食客進食。這道牛尾醃得甜度剛剛好，骨膠原超幼滑又彈牙，加上有點點牛尾肉，愛美的朋友一定要點啦～

這個比較特別，前面類似甜蛋的東西其實是打成了泡沫的醬油！因為店長說有的牛肉光蘸醬油不夠惹味，所以就研發出這個泡沫醬油！泡沫醬油遇上熱騰騰的牛肉就會漫漫溶化，變成十分濃郁又幼滑的醬油，超有創意！

從前往 Sunshine City 的電梯向下走，就會馬上看到這家在 2022 年 8 月開的「まめものとたい焼き」！這家店在 2020 年發源自京都，當時我一吃難忘，差點為了要吃它再去一次京都！誰知道現在就連池袋都開東京第一家分店，實在太開心啦！

2022 年 8 月 OPEN

まめものとたい焼き

地 〒 170-0013 東京都豊島区東池袋 3-1-1 サンシャインシティアルパ B1

時 10：00～21：00

交 ①**JR 山手線**池袋站東口徒歩 8 分鐘
②**地下鐵有樂町線**東池袋站 6・7 號出口徒歩 3 分鐘

可愛手信 set

雖然鯛魚燒無法買來做手信，不過就有小布袋及燒和菓子 set，小布袋上有穿了鯛魚燒衣服的人在喝東西的插畫，超可愛！

鯛魚燒主要有 3 種，有主打牛油紅豆鯛魚燒，還有紅豆鯛魚燒和吉士鯛魚燒。不知道大家有沒有聽過拉麵機理論，日本店家大多會將最有自信的菜單放在左上角，所以不知道要選甚麼的時候，無條件選左上角的牛油紅豆鯛魚燒就對了！

賞味期限 1 分鐘？

這家店主打「賞味期限只有 1 分鐘」的鯛魚燒，光聽名字是不是已經口水直流呢～因為只有一分鐘，所以我其實來了 2 次才成功拍到在「賞味期限以內」的鯛魚燒，大家來吃的話就真的不要拍照，馬上吃吧！

即叫即燒

所有鯛魚燒都即叫即做，需要等上一段時間啊～而且好事傳千里，這家店已經成為 Sunshine 其中一家最受歡迎的小吃店。

牛油鯛魚燒

為了保持不會溶化，牛油都埋在冰塊裏面。

當熱騰騰的鯛魚燒做好，店員就會在你面前放入牛油！超巨大一塊！好邪惡啊！好期待啊！

最後成品看似只有很少牛油，但其實牛油「直搗黃龍深深處」！吃起來外脆內熱，裏面就好像班戟的彈性口感，而牛油還是冰冰的，一口咬下去超爽快，有點像鯛魚燒版的菠蘿油，超好吃啊！

各位想爆買藥妝的朋友要留意啦，因為 2022 年 4 月在池袋 SUNSHINE 通開了一家 SUNDRUG CARER！這家 SUNDRUG CARER 位於 1 樓和 2 樓，而 3 樓就是 ¥100 店 DAISO，光是這幢大廈應該都會買到大家手軟！

2022 年 4 月 OPEN

サンドラッグ CARER

SUNDRUG CARER
池袋 SUNSHINE 通り店

地 〒 170-0013 東京都豊島区東池袋 1-21-1 ラグーン池袋ビル 1 階
時 09:00 ～ 23:00
交 ❶ **JR 東武東上線：西武池袋線** 池袋站徒步約 8 分鐘
❷ **東京地下鐵有樂町線** 東池袋站徒步約 3 分鐘
❸ **都電荒川線** 東池袋 4 丁目站徒步約 4 分鐘

這個是果汁 24％，營養和美味兼備的香蕉與芒果 Smoothie。

藥妝店內的襪子店

來到 2 樓，竟然是知名襪子店 tutu anna petit！可以在這裏買到襪子實在太方便了！而且以店中店來說，這裏的款式和數量算是很多呢！

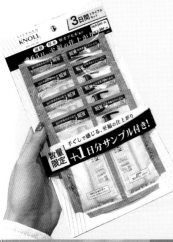

便攜洗髮用品

4 天分量的洗頭水和護髮素，只需要 ¥300！平日常常出差的我，有時去住一般商務酒店的話，洗完頭第二天頭髮真的會變成草…所以可以的話，我都會帶自己的洗頭水去入住，這個如果好用的話應該會被我爆買（當天太趕來不及買…）

修臉口罩

日本女生最最最流行的修臉用口罩！¥278/5 個很便宜。不過我個人比較少用，因為怕脫下口罩後的反差會太大，嚇到人，哈哈！

門口有很受日本人歡迎的水感防曬（沒錯冬天也要防曬！不過我常常忘記…），下面還放有香港人很愛的馬油，我自己家中也有一瓶，冬天乾燥時的恩物。

就連男士也要好好保養肌膚，這個 SHISHEIDO MEN 就最適合我們的香港男兒啦～

如果有喜歡的商品想試，可以來這裏試用。不過可能要有那個品牌的櫃檯姐姐在才能試，到時大家可以留意一下。

毛穴撫子浴鹽

這位毛穴撫子相信大家都不陌生，但我也是來到這裏才知道它有出浴鹽，不只是臉上的毛孔，就連整個身體的毛孔，背上抓不到的地方，也可以來個大掃除！不過我有點擔心第一次「大掃除」後浴缸水會不會變成了芝麻糊的顏色…

瀏海髮卷

個人私心推介，用來捲瀏海的髮卷，非常非常好用！因為我本身手殘，多年來的練習下仍未能好好用電髮棒夾好瀏海…直至我發現了這個瀏海髮卷，簡直前路變得一片光明！姐妹們快買啊！

がってん壽司鄰近 Sunshine60 通的 UNIQLO，是**以平價作招徠**的迴轉壽司店，從 ¥100 起就有交易！當然啦，大家千萬不可以以非迴轉壽司店，甚至是 OMAKASE 壽司店的質素去比較！

這裏的壽司每個碟子都是同一個顏色，小心不要因此點了很多「貴價菜」（笑）。

がってん壽司

地 〒170-0013 東京都豊島区東池袋１丁目１４－１池袋スクエア地下２階
時 星期一至四：日：假期 11：00 ～ 21：00 [星期五：六：假期前日 11：00 ～ 21：30
交 JR、地下鐵池袋站 32 出口徒步約 3 分鐘

冬季限定壽司紅楚蟹、活北寄貝、三文魚子軍艦、冬日 5 件 set 全部都很吸引！

超好吃的帆立貝壽司，超鮮甜！每碟壽司都可以選要不要山葵和要不要少飯，今次我點了不要山葵，來的時候竟然插了支小旗說「沒有山葵」啊！

我習慣秋冬吃壽司一定會點碗熱湯，今次我點了鮟鱇魚肝湯，湯汁濃郁又香甜，還有一件小鮟鱇魚，抵吃！

我最愛的活北寄貝與北寄貝裙邊！壽司店多數會將活北寄貝與北寄貝裙邊分開出售，而這裏就會一碟3件，讓大家可以一次過吃到一整隻北寄貝！

很多時介紹迴轉壽司店後，都會引來美食家「難吃」、「垃圾」等負評，不過問心一句，¥100的壽司，難道會有龍肉給你吃嗎？我自己就覺得這裏地理位置方便，店面乾淨坐得舒服又不用排隊，有時吃得多魚翅也想吃吃粉絲，又或者你的旅程原本就是窮遊的話，不妨來吃兩盤看看。迴轉壽司店的好處就是吃完兩盤覺得不好，大可以轉場！

最後店內有幾部扭蛋機，我覺得這個設置十分「池袋」，池袋居民看到定會會心微笑呢～

令我考慮了最久的就是要不要點長腳蟹壽司！因為它索價¥1500，實在有點貴啊…這個價錢都點到4件生海膽軍艦了！不過我為了先幫大家試試伏，就鼓起勇氣點了啦！長腳蟹雖然不算超級長，但真的啖啖肉而且非常鮮味，即使在東京比較高質素的壽司店也很少會有長腳蟹壽司，所以如果想過過蟹癮，想有一瞬間以為自己飛了去北海道的話就吃吧！

大家還記得商場 Q plaza 池袋嗎？在 2022 年 5 月，這裏已經變成了 grandscape，Q plaza 池袋已經不復再啦！不過今次改名似乎真的只有改名，商場內大部分備受注目的店家仍然健在，大家可以放心。grandscape 從 B1 到 14/F 集結了不同種類的餐廳、夾公仔店，而 4〜14/F 就有電影院和擊球場。

2022 年 5 月 OPEN

グランドスケープ池袋

GRAND SCAPE 池袋

地 〒 170-0013 東京都豊島区東池袋 1 丁目 30-3 グランドスケープ池袋
時 11：29〜23：00
　（L.O. 21：00）
交 ❶ **JR 山手線**池袋站東口徒步約 4 分鐘
　❷ **地下鐵有樂町線** 6・7 號出口徒步約 6 分鐘

燒肉放題

如果想吃燒肉放題，可以來 B1/F 的**和牛燒肉 BLACKHOLE**，光聽名字就知道適合有黑洞胃的人士來啦！

喜歡夾公仔的朋友可能有聽過 Capcom 這個名字，它在日本有超個 30 家遊戲機中心，而且我發現它可能是全池袋可以最低價錢夾公仔的店舖！之前我去 GIGO 夾 Aniya 要 ¥100 或 ¥200 一次，但這裏是 ¥500/6 次。我正在說的不是賣剩蔗，而是炙手可熱的人氣景品耶！真的太划算了！

Capcom 店內還有不少扭蛋機，規模挺大的啊！

① 美美的電影院，頭頂的的士高波波有時會亮燈喔！
② 酒吧這邊同樣令人十分驚艷，整個頭頂都是電子熒幕，會播放電影預告和其他影片等等，你一定要親身來才感受到那個震撼感！
③ 即使不看電影，也可以在酒吧喝喝飲品，欣賞着身邊科幻感滿滿的電子熒幕，還有池袋的夜景。

一開始一定會提供 5 種肉類，紅色的牌子是去拿肉時用的。

如果你食量很大，單點的話會貴到嚇死人的話，不妨來這裏一試。個人就比較推薦黑毛和牛套餐，只差少少金錢，難得來到日本就吃好一點吧！

這裏最特別之處，就是可以在精肉店似的冷肉櫃上選擇自己想吃的肉類，所謂眼見為真，有時明明點了厚切，來到卻薄過 A4 紙，到時喊都無謂啦！

燒肉放題一共有 2 個選擇，一個是國產牛的燒肉放題餐（¥3980），限時 100 分鐘，可以吃到國產牛花腩、牛舌、內臟等等大約 12 種以國產牛為中心的肉類，另外也可以任食 45 種以上的配菜。另外比較高價位一點的就是黑毛和牛稀少部位套餐（¥4980），同樣限時 100 分鐘，可以吃到黑毛和牛罕見部位、極上牛花腩、國產牛舌等等，同時也可以吃到國產牛燒肉放題餐裏的所有牛肉，而配菜則有 50 種以上，以這個價錢來說實在太划算啦！

1 MIKAN 下北
2 BONUS TRACK
3 SHIMOKITAEKIUE
4 (tefu) lounge 下北澤
5 reload

下北沢
動物
病院

B-side
Label

Le monde

Rag
Tag

BCL

Alaska

Wego

FamilyMart

MOS
Burger

Cafe
Voleur
de Fleur

志のもと

東洋
百貨店

吉野家

鎌倉通り

サトミ

7

志のもと

西口（北側）

Norah's
Coffee
Table

FamilyMart

オオゼ

Village
Vanguard

西口（南側）

下北沢

東口

本多

3

小田急
中央口

1

7

下北沢南口商店街

Ch
Lui

Stockmart

南西口

富士
そば

Uniqlo

らーめん
頭

松屋

4

Kinji

鳥貴族

FamilyMart

築
す

RISK

いし井

わたあめ

2

鎌倉通り

Pebble

Mocha

下北澤

下北澤位於世田谷區，即是所謂住了很多 Rich People 的地區（某世田谷住民自稱！）不過這裏除了以多 Rich People 而聞名之外，同時給人古着天堂、LIVE HOUSE、劇場集中地的印象，是東京的次文化聖地之一。生活圈在下北澤的人，總是給人獨樹一格的感覺，簡單來說就是帥氣！

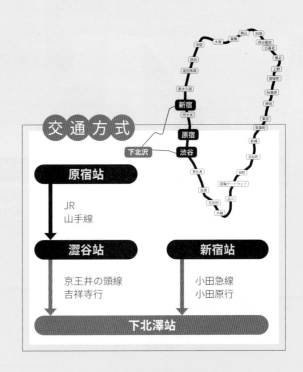

交通方式

原宿站
↓
JR
山手線

澀谷站
↓
京王井の頭線
吉祥寺行

新宿站
↓
小田急線
小田原行

下北澤站

終於來到眾多下北澤近年新景點中，我最喜愛的結合了商店街和美食街的 Mikan 下北啦！剛開始聽到店名 Mikan 的時候還以為是指「蜜柑」，但仔細翻閱資料後才發現是「未完」，意指下北澤是一個不停求變的地方，永遠都不會滿足於此刻，所以才命名為「未完」。這令我不禁想起大學時校園裏的荷花池「未圓湖」，有「仍未圓滿，須繼續力求圓滿」之意，呼應學院校訓「止於至善」…兩個概念不謀而合，令我感到懷念又親切，更加反省自己除了下巴和肚子通通都「未圓」，同志仍須努力！

2022 年 OPEN

ミカン SHIMOKITA

MIKAN 下北

地 〒155-0031 東京都世田谷区
　北沢 2-11-15

交 京王井之頭線、小田急小田
　原線下北澤站直到

居酒屋

A 區裏其中一家最受歡迎的食店就是這家**下北六角**居酒屋，它以日本工藝為主題，提供下北六角自製的精釀啤酒，採用日本國內生產的食材，而且店內使用的杯具都是出自日本職人之手，無論店外、店內，還是桌上的食物，每個角度都散發出日本之美。我 12 點多來到，想不到大部分午餐定食都已經賣光光，下次想吃一定要早點來啊！

A 街區一共有 11 家店,一入門口就會見到來自櫪木縣的超人氣麵包店 **THE STANDARD BAKERS**,這裏有印上了 "TOKYO" 字樣和 MIKAN 招牌的方包,太可愛啦!另外超人氣的還有水果牛角撻系列,除了有香橙味之外,也有新出的金奇異果牛角撻,是下北澤店限定的啊!此店最大特色是,食客買完麵包可以在店內坐着即食,有時想先吃一點點東西醫肚,歇歇腳的話,來這裏就最好不過啦!

MIKAN 下北由京王電鐵將下北澤高架橋下的地區,重新開發為**商店街和美食街區**,並且由日本知名設計公司 DRAFT 山下泰樹設計師操刀,成為了非常近車站,又集中好逛的街區!以往雖然下北澤都是個逛街天堂,但因為著名的店家四散,要是不先做好功課,對於菜鳥們就難以找到全部都想去的地方(即是我…)。對於「方向音痴」(路痴)的我來說,有這樣集中的一條商店美食街真的太棒啦!

A 區的美食街除了日本菜之外,也有很多外國菜,例如泰國屋台 999、台式小籠包店(留意一般日本的小籠包=我們的生煎包),還有大眾 Bistro Haruta 主打法式料理,猶如一條聯合國美食街!

古著雜貨

東洋百貨店 別館同樣位於 A 區。有來過下北澤的話相信對這家店一點都不陌生，它的電車壁畫可說是下北澤的「名打卡點」之一，店內分為幾間不同的小店，每間店所賣的時裝、雜貨都略有不同。今次的東洋百貨店 別館裏就有 7 家店，有 3 びきの子ねこ，懷舊古著由 ¥660 起就有交易，想找到平靚正的古著一定要來尋寶！IBUQUI 主要販賣銀和天然材料所製作的手作飾品；ButterflyFallVintage 主打 60～70 年代歐美的古著；SMOG 賣的主要是 80～90 年代的衣服，看上去古著感比較低，甚至還有點新潮，是因為最近正在吹 Y2K 風嗎？除了以上幾家店舖，東洋百貨店 別館裏還有其他不同風格的古著、手作衣服店，慢慢逛的話，不論男女都絕對可以逛上 1、2 個小時！

書店

Tsutaya Bookstore 相信大家都不陌生，不過原來本店是首家進駐下北澤的 Tsutaya Bookstore，除了有多種生活、藝術、設計等書籍外，也是下北澤最大漫畫賣場。這裏又有以每小時收費的 share lounge，人們可以在這裏邊享受飲品、wifi 邊工作或寫書等等（不過我大多都是穿着睡衣窩在家裏寫…一點都不高雅時尚啊嗚嗚嗚）

C、D、E 區

C 區是個單車場就不多着墨了，如果大家踩單車來可以去 C 區泊泊車～來到 E 區就有於下北澤起家的眼鏡品牌 Zoff、美容室 IT by ALBUM、圖書館和藝廊等等，比起 A、D 區的美食商店區，這裏就比較有下北澤的日常生活感，清雅脫俗。

位於 D 區的拉麵店樂觀，這種位於鐵皮貨櫃般的拉麵店真的很罕見！D 區除了有 SHIMOKITA MEAT SPOT，還有酒吧 Fairground Bar & Wine。無論吃不吃都好，在 A 區和 D 區的街上拍照真的很有下北澤風，即使吃飽了也不妨來看看下北澤的新面貌吧！

講究漢堡包

Island Burgers 原本是位於東京四谷三丁目的人氣店，漢堡包使用天然酒種酵母製成，裏面的漢堡排使用了 100% 牛肉製成，所以肉汁爆發，鮮美滿腔，正斗！

美式餐點

BROOKLYN ROASTING COMPANY SHIMOKITAZAWA 位於 B 區。光光看外觀就已經感受到那不拘小節，隨心所欲的紐約風格。這裏早上提供美式早餐，中午有意粉、肉類大餐，晚上則有啤酒、紅酒等配上最適合的菜餚，無論任何時間來都可以一嚐有日本特色的美國餐。重點是這裏有提供早餐，需知道日本的早餐店實在買少見少，看來大家要好好筆記一下啦！

經濟薄餅店

今次來到 Mikan 下北，我就來到自己的薄餅愛店吃午餐～這家 PIZZERIA 8 位於 A 區 Tsutaya Bookstore 下層，主打即點即焗，價錢又經濟實惠的薄餅。不過可能因為碰上了週末，除了要排隊才能入場外（可見其超人氣），薄餅還等了很久才到⋯如果是平日可能我已經催促了餐廳快捧來我的薄餅！可是我的座位剛好就正對着薄餅師傅，看到他馬不停蹄，摩打手由麵糰造成香噴噴的薄餅，我也不好意思再催啦⋯就告訴自己要心平氣和，慢活慢活。

等了 30 分鐘左右（我之前來都不用等這麼久 TT）我的薄餅終於來啦！因為實在超大塊，所以不建議女生一人點一個喔！不得不說這個生火腿流心蛋菠菜薄餅真的很好吃，餅底有嚼勁，加上微微焦香，很好吃。晚市的話這裏還會有更多下酒菜和小菜選擇，有機會就來嚐嚐看吧！

之前都提過近年隨着小田急線部分鐵路地下化，原本從東北澤站到世田谷代田站之間改造成了下北線路街，BONUS TRACK 商店街就是下北線路街企劃的其中一部分，商店街內目前一共有 15 家店進駐。

BONUS TRACK 的 "BONUS" 意指原本在鐵道增設的店家，配上代表軌道路線的 "TRACK" 組合而成。2 個字結合來看，BONUS TRACK 的名字顧名思義，就是專輯中追加曲目的意思，這些追加曲目大多都是音樂人自身想表達的訊息，雖然不是主打曲，卻非常值得一聽，不知道這跟 BONUS TRACK 的概念有沒有關係呢？

BONUS TRACK

地 〒 155-0033 世田谷区代田
2-36-12~15
交 小田急線 世田谷代田站 步行 5
分鐘

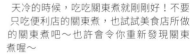

天冷的時候，吃吃關東煮就剛剛好！不要只吃便利店的關東煮，也試試美食店所做的關東煮吧～也許會令你重新發現關東煮喔～

走到街尾，看到 BONUS TRACK 達摩招牌就知道已經逛完啦！大家說那個運動場似的橢圓形，像不像電車的線路呢？

胃袋にズキュン はなれ販賣日式烘焙小點與酒類，將著仔燉肉和鯖魚等鹹食都加進了蛋糕裏，而這些蛋糕又竟然是下酒良菜，真想知道到底是哪個料理天才這麼厲害，才能開發出這麼有創意的美食。題外話，當人看到心動的事物時，不是會「怦」地跳一下嗎？這家店也是以此為靈感，想像人們當看到美食時，胃就會「怦」地跳一下才設計出的店名，真可愛！

這家店看上去就是家普通賣咖啡和啤酒商店，不過它其實是家日記專門店日記屋月日，如果你有寫日記的習慣，不妨進店內逛逛看！

大浪漫商店主要出售台灣食物魯肉飯、水餃子和台灣啤酒等等，這個小冰箱放在攤位上真的很可愛。旁邊還有販賣台灣主題的時裝呢！

跟代官山鮮榨果汁攤 Why Juice? 是姐妹店的 **Why?__** 同樣嚴選農家食材，製作冷壓果汁、沙冰等等果汁飲品，而在製作果汁的過程中留下的果渣也會使用在製作輕食之上，好吃得來又不浪費，抵讚！

近年下北澤規劃了一條總長 1.7 公里的下北線路街，在保留下北澤原有風貌之餘，又增加了不少商店和設施，當中與小田急線下北澤站直通的 SHIMOKITAEKIUE（意譯就是下北澤站上面）就是其中之一！

❶ 這個就是 SHIMOKITAEKIUE 的入口，看起來雖然很像商業大樓，不過其實是個商場啦！
❷ 禁止停單車的區域，畫了一個「實 Q」在看管人們，是稻草人的概念嗎？（笑）
❸ 花店旁畫了花盆和正在逗貓的人！將店家販賣的物品為元素，與插畫結合，看得出花了不少心思才下筆呢～

シモキタエキウエ

SHIMO-KITA EKIUE

地 〒155-003 東京都世田谷区北沢 2-24-2
時 11：00 ～ 21：00（各店家有機會營業時間不同，請以官網時間為準）
交 小田急線 下北澤站直上 2 樓

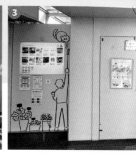

外面掛着有趣燈籠的居酒屋 Gorilla，有燒雞串、羊架、各種下酒菜，想喝兩杯的人可以來試一下～

COFFEE STYLE UCC
跟多啦A夢聯乘的咖啡杯，價錢合理～好喜歡銅鑼燒那一款，很配合今次我吃了誠實豆沙包寫旅遊書的主題(笑)。

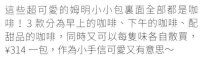

這些超可愛的姆明小小包裏面全部都是咖啡！3款分為早上的咖啡、下午的咖啡、配甜品的咖啡，同時又可以每隻味各自散買，¥314一包，作為小手信可愛又有意思～

SHIMOKITAEKIUE 入口處在車站出口側面，看上去一點都不像是商場入口！不過如果仔細留意就會看到在電梯的玻璃上和商場內多面牆壁與角落，都有**日本知名插畫家長場雄所繪畫的插畫**，與下北澤充滿藝術文化氣息的特色不謀而合。這裏插畫是以「常常在下北澤看到的Rich People」，不對，是「常常在下北澤看到的人們」為主題，有的人在彈吉他、有的人在喝咖啡、有的人在喝酒，可說是插畫版的下北澤日本男女圖鑑。

SHIMOKITAEKIUE 有居酒屋、花店、CAFE等食店，也有雜貨店、時裝店和貼紙相店(男人沒有跟女生在一起的話不能內進喔)，可說是麻雀雖小，五臟俱全！

Princess Cafe 是2022年才進駐SHIMOKITAEKIUE的新店，店內主要販賣動漫、聲優、VTuber的周邊商品，同時也會跟其他動漫聯乘開辦POP UP SHOP，我在11月到訪時就開辦《我的英雄學院》的聯乘活動，此店又會有當店限定的原創商品，動漫迷行過路過記得看看！

立呑み天ぷら KIKU 是一家立食天婦羅店，店內100%企位，如果趕時間又想吃天婦羅可以來一嚐～這裏的名物有天婦羅大根(白蘿蔔)、炸蝦、魷魚等等，一件只需¥200～¥300，很划算！另外這裏還有甜品「雪見大福天」，類似炸雪米糍(但當然不是長洲那些超厚炸粉的炸雪糕…)是不是光聽到都想吃呢～

商業設施 (tefu) lounge 與下北澤車站南西口直通，從 SHIMOKITAEKIUE 出發的話，只要走過一條小天橋馬上就到了！這裏有咖啡廳、lounge、小型電影院，也有辦公室、pop up 雜貨店等，除了觀光客可以來喝茶品茗，悠閒閱讀之外，更是讓生活圈、工作圈在下北澤的人們，多了一個可以轉換心情的地方。

2022 年 1 月 OPEN

(TEFU) LOUNGE 下北澤

地 〒 155-0031 東京都世田谷区北沢 2 丁目 2 1 − 2 2

交 ❶ 小田急線 下北沢站 南西改札口直到

❶ 京王井之頭線 下北沢站 中央改札口徒步 3 分鐘

(tefu) lounge

cafe
lounge
cinema
studio
office

Just download App,
Have a good time.

POP UP STORE

到訪時正在舉辦飾品店的 pop up store，頸鏈有個性又優雅，很適合配連身裙或套裝時配戴～

Cafe & Lounge

使用 Cafe & lounge 的話，可以從 ¥900/ 1 小時起跳，之後每延長 30 分鐘就 ¥350，客人可以無限任飲 KITASANDO COFFEE 的特別咖啡，店內 WIFI、充電電源完備，大家可以在這舒適的空間聽音樂、喝咖啡，不過不要因為無限任飲就瘋狂爆喝，我怕大家晚上會眼光光到天光！

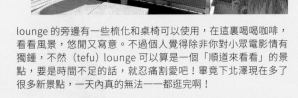

lounge 的旁邊有一些梳化和桌椅可以使用，在這裏喝喝咖啡，看看風景，悠閒又寫意。不過個人覺得除非你對小眾電影情有獨鍾，不然（tefu）lounge 可以算是一個「順道來看看」的景點，要是時間不足的話，就忍痛割愛吧！畢竟下北澤現在多了很多新景點，一天內真的無法一一都逛完啊！

電影院

K2 Shimokita Ekimae Cinema 電影院的入口，影迷可以使用平板電腦去購票。這裏除了一般正在上映的電影，同時也會上映比較小眾、文藝的電影。

reload 目前有 23 間店舖，每間店舖的外觀跟這條商店街的主調非常相似，都是以白色、黑色、水泥色為主，相比 Mikan 下北這裏給人的感覺更加寧靜樸素。23 間家店內分別有結合了咖喱餐廳與畫廊的 SANZOU TOKYO、特色文具店 DESK LABO、咖啡店 OGAWA COFFEE LABORATORY，以及日本茶店下北茶苑大山等等。除了長駐的商店之外，reload 內部分空地會舉辦期間限定快閃店、藝廊、市集等等，將下北澤的日常活動帶到嶄新的商區。

RELOAD

地 〒155-0031 東京都世田谷区北沢3－19-20

交 **小田急線、京王井の頭線** 下北澤站駅徒步 4 分鐘

小田急線 東北澤站 徒步 4 分鐘

reload 的二樓除了有商店之外，同時也有露天茶座，大家可以買完飲品過來休息一下。今次我來到以原創蛋白飲料搭配蛋白食物為招徠的健康咖啡廳 FLUX CAFÉ，這裏最著名的就是各種口味的蛋白飲料，有粉紅色的士多啤梨芝士蛋糕蛋白飲品（¥850）、人氣第一的甘酒椰子蛋白飲品（¥850），還有很受女性歡迎的巧克力味蛋白飲品（¥850）。一聽到甘酒椰子味可以回復疲勞和美肌，生成骨膠原和含有豐富維他命，我就二話不說地選了這個！

喝下去第一口我的感覺是，好濃稠啊！也不算是非常濃稠，只是比我想像中輕盈的感覺不太一樣！味道我個人覺得不錯，甘酒味不太多，但椰子味很足，作為有健康、美顏功效的飲品，個人覺得可以挑戰一下。唯一問題是明明說是女性大歡迎，卻似乎未考量到小鳥胃的女性胃袋…喝光這個之後根本都不用吃飯了！還是這個本來就有代餐的功能呢？

① HATCOFFEE latteart stand
② 淺草横丁
③ Sumida River Walk（隅田川步道橋）
④ TOKYO MIZUMACHI

A

筑波快線（つくばエクスプレス）

TX 淺草

A1

淺草ROX

ROX • 3G

ROX DOME

Bunka Hotel

六文錢 支店

茶寮一松　Ikinari Steak

米久

Hotel KEIHAN

淺草浪花家
すき家

松屋

吉野家

驚安之殿堂

淺草演芸ホール

B:CONTE淺草

咖啡天國

ローヤル 珈琲店

星乃珈琲館

六文錢 本店

淺草花屋敷
（花やしき）

芋やす

Richmond Hotel

② Richmond Hotel Premier Asakusa International

傳法院

淺草公會堂

かまわね

くすりの福太郎

マツモト

文廟堂

今半本店

葵丸進

花月堂

雷門田川

梅園

雷門通り

The Gate Hotel
雷門 by Hulic

御菓子司
亀十

淺草文化
觀光Centre

松屋

淺草寺病院

淺草寺

五重塔

寶藏門

淺草寺
兒童圖書館

淺草メンチ

大正
ロマン館

仲見世商店街

紀文堂

3

2

Khaosan
Tokyo
Origami

蕎麥麵
長壽庵

Via Inn
淺草

Super
Hotel
淺草

馬道通り

Hotel
Trend

花川戸
（南側

井天堂

Daily
Yamazaki

昭和軒

Mini STOR

中村屋

生田庵

大黒屋

松屋

みずほ銀行

隅田
公園

東京Metro銀座線

都營淺草線

Do
INN
Ex

8

5

M 淺草

Burger King

①

- asakusa -

淺草

說起淺草，相信大家會想起古色古香、歷史悠久的淺草寺。這裏有很多傳統美食老店、懷舊商店街，還有大家都很熟悉的仲見世商店街，總之淺草這個地方好像與「新」字拉不上關係。不過因為疫情好多老店都撐不住，相繼倒閉，不少後起之秀正在為淺草吹起一陣新風潮，就連傳統的和服體驗也多了很多時尚元素呢！

交通方式

新宿站
↓ 都營新宿線
馬喰橫山站
↓ 徒步2分鐘
東日本橋站
↓ 都營淺草線

澀谷站
↓ 東京地下鐵銀座線

新宿站
↓ JR中央線
神田站
↓ 東京地下鐵銀座線

淺草站

立體咖啡拉花店 HATCOFFEE latteart 幾年前在淺草開幕，到現在已經累積不少人氣！只要展示咖啡圖片，帥氣（真的每個人都很帥！）咖啡師就會給你拉花，想要 2D 拉花當然沒問題，就連 3D 也一樣 OK，太厲害啦！

然後在 2022 年 10 月，主打外賣的姐妹店 HATCOFFEE latteart stand 就在淺草寺雷門附近開業，大家有從這句字中發現甚麼端倪嗎？「外賣」＋「雷門」＝可以買完拿去雷門下打卡啦！！！這對於「相機食先教」的信徒來說是多大的喜訊啊～～～

HATCOFFEE 舊店有店內座位，食客可以坐着慢慢品嚐可愛的咖啡，這裏還有食物提供。

2022 年 10 月 OPEN

HATCOFFEE LATTEART STAND

地 〒111-0034 東京都台東区雷門 2-19-6 2F
時 11：00 ～ 18：00
休 星期三
交 ❶ **東京地下鐵銀座線** 淺草站 A4 出口徒步 10 秒
　 ❷ **東武線** 淺草站徒步 2 分鐘
　 ❸ **都營淺草線** 淺草站徒步 3 分鐘

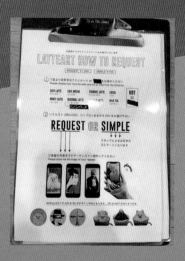

在雷門下拿着雷門燈籠的小白熊，萌到一個頂點～～～

飲品有拿鐵、摩卡、蜜糖拿鐵、焦糖拿鐵，此外還有奶茶和巧克力，即使不喝咖啡的朋友也可以享受到這可愛的 3D 拉花藝術。如果想要 3D 拉花，一杯 ¥1300，冷熱皆可，而 2D 拉花則是 ¥700，只有熱飲選擇。

大家記得準備好你想拉花的圖片才去啊，如果你提供的圖片難以拉出好看的立體泡泡，帥哥⋯咖啡師會跟你討論到底想要甚麼效果，要怎樣做才好看之類。原本我想要的是 Linabell 拿着雷門燈籠的圖案，不過師傅說這樣 Linabell 的樣子會很小，未必太好看，所以我就改成小白熊抱着雷門燈籠。師傅心想：原來重點是雷門燈籠而不是 Linabell（笑）。

此外店內又有清楚說明 2D 跟 3D 的效果有甚麼分別，有甚麼只可以 2D，不可以 3D，例如整體太深色、要畫得非常仔細、又或者要拉到很高的柱裝物體都無法 3D，所有說明都有圖片和英文講解，不用怕雞同鴨講。

最後作品真的令人非常滿意！！根本捨不得喝下去啊～～太可愛了～～

桌上有個手機腳架，方便大家打卡錄影，也太貼心了吧。可是結果因為 3D 只拍到背面，拍不到正面一筆一筆畫的樣子，所以拍到中途我的眼睛就飄到其他東西的樣子上了（羞）。

以「**365 日都是祭典**」為主題的淺草橫町在 2022 年 7 月開幕，全室內的橫町內有食店、和服店、打卡位和祭典表演，是個下雨天必去的景點！淺草橫町位於東京樂天地淺草大樓，1～2 樓是 UNIQLO 淺草店，3 樓是壽司郎（相信不用排隊），4 樓就是淺草橫町，看到大大個 UNIQLO 招牌再向上看就會看到，應該不會太難找。

2022 年 7 月 OPEN

淺草橫町

地 〒 111-0032 東京都台東区浅草 2-6-7 4 樓
時 餐飲店 12：00 ～ 23：00、和服店 10：00 ～ 17：00
交 都營淺草線 淺草站 6 號出口徒步 6 分鐘

懷舊小商店

我必須承認當我知道那些祭典面具只能看，不能玩的時候真的有點失望啦…原本以為真的有祭典時會出現的攤檔，結果只能用來打卡（泣）。不過旁邊的懷舊零食和玩具店是真的，大家選好商品，自動自覺，老老實實地將錢放入小錢箱中就可以帶走商品，很有以前日本商店的感覺！現在這種「無人販賣店」已經買少見少，在這個新設施裏竟然會有這種懷舊風商店，好讚！此外在週末到訪的話，就有機會看到祭典表演，例如阿波舞、盆踊等日本傳統舞蹈演出，很適合無法配上日程，但又想參與祭典的觀光客！

這裏有 7 家食店和 1 家和服店，場內色彩繽紛，以不少霓虹燈招牌裝飾，超美啊！

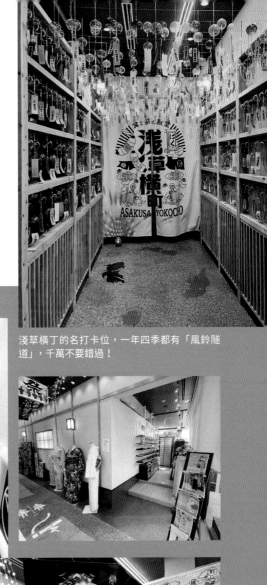

淺草橫丁的名打卡位，一年四季都有「風鈴隧道」，千萬不要錯過！

連鎖和服店

一場來到淺草，相信大家都會想穿穿和服，即使是住在東京的我也穿過好幾次，每次都能拍出好照片（沒錯就是在炫耀！）淺草和服店之多，說出來會嚇你一跳！不過店家雖然多，但好和服店裏客人就更加多！除非你在店家剛開門時就進去挑選和服，不然想挑到最心儀和服，猶如在超市特價時段要買到半價長腳蟹一樣難！這時候在淺草橫丁開張不久的 Wargo 可能會派上用場，Wargo 原本就是一家連鎖和服店，**價錢合理**，加上還算新店人流不太多，大家可以在這裏慢慢挑選和服、配飾、set 頭，始終選和服穿和服的過程，也是享受旅行的一部分嘛！

淺草橫丁內有 7 家食店，當中有 6 間是日本菜。

壽司店

來日本不吃吃壽司就好像沒有來到日本似的，不用怕！這裏剛好就有一間壽司店**淺草 SUSHI**。暖簾以波浪紋設計，一波比一波大，又一波比一波小，非常特別。雖然我怎樣看那店名的標誌（黑色那個）好像花生，似乎是被《SPY X FAMILY》裏的 Aniya 影響到了，不過店內賣的是如假包換的壽司啦！

這裏的名物是「蝦蟹合戰」（¥899），蟹蓋裏有蝦肉、蟹肉、三文魚子和生蛋黃，將它們倒在蟹蓋下的軍艦一起吃，簡直是男女都愛的妙品！妙品！此外本吞拿魚壽司同樣大受好評，大家不妨試試。差點忘了說，大家記得留意一下筷子套，原來上面是一張籤文！可以看得出店家為了加入淺草特色，花了不少心思呢！

串燒店

另外有家個人覺得不錯的就是串燒豬肉店**神豚**！所有豬肉野菜卷都是 ¥150 起，有露筍卷、大葱卷、紫蘇葉配芝士卷等。另外不想食「草」的食肉獸也可以點豬腩肉、豬橫隔膜串燒等等。好啦假設你真的不好豬肉，也有火炙明太子、火炙鯖魚等等選擇。對於我來說，這家店最吸引的地方就是從中午就可以開喝，而且不只有「麻甩」的 Highball 和啤酒，還有桃子酒等等果實酒，像我這樣的「小女生」（？）也可以在大白天暢快地小酌一杯，爽啊～

在這條橋上，大家可以近距離看到頭上有 JR 東武線駛過，也可以慢慢以另一角度欣賞晴空塔和隅田川同框的美景。

以前逛完淺草想到晴空塔的話，就要坐電車才能去到，但自從架設了隅田川步道橋之後，就可以直接從淺草走路到晴空塔，非常方便！隅田川步道橋是東武鐵道公司在東武鐵道高架橋旁建設的行人步道橋，連接了隅田川兩岸的淺草和晴空塔。這座鋼筋水泥橋長 160 米，寬 2.5 米，在它落成之前，我都不知道原來晴空塔跟淺草的距離只有 160 米！

すみだリバーウォーク

SUMIDA RIVER WALK
隅田川步道橋

地 〒131-0033 東京都墨田区向島 1 丁目
時 07：00 ～ 22：00
交 ❶ 東武 SKYTREE LINE 淺草站北口徒步 3 分鐘
　 ❷ 東京地下鐵銀座線 淺草站 5 號出口徒步 4 分鐘

如果你跟另一半前來，可以在這個「戀之聖地」扣上鎖頭，祈求二人一直甜甜蜜蜜。有的鎖頭還是心形的，太可愛了吧。一邊走的話，大家可能會發現橋上有小小的晴空塔吉祥物「Sorakara 醬」，就跟去迪士尼尋找藏起了的米奇一樣有趣！此外橋面上設有小小一塊玻璃地板，可看到隅田川的河水潺潺流動，想不到只是走個天橋也有這麼多看點吧。提提大家，隅田川步道橋並非 24 小時開放，只有每天早上 7 點到晚上 10 點開放通行。

TOKYO MIZUMACHI 的 "MIZU" 解作「水」， "MACHI" 解作「街道」，聽起來有沒有很耳熟？沒錯就是跟晴空塔那邊的大型商場 TOKYO SOLAMACHI（東京晴空街道）是姊妹花啦！

TOKYO MIZUMACHI 沿河而建，以源森橋做分界，劃分為西側與東側區域，有多間**個性飲食店和雜貨店**等，可以沿着隅田川逛街食飯認真寫意。而且鄰近就是隅田公園，加上可以看到晴空塔聳立在河邊的美景，不單是觀光客，就連當地人週末也會來放狗散步曬太陽喔！

東京ミズマチ

TOKYO MIZUMACHI

地 〒131-0033 東京都墨田区向島 1 丁目
交 **都營淺草線** 本所吾妻橋站 A3 出口徒步 6 分鐘

可愛的小白熊…是大白熊，在夏天的活動時就會成為全場焦點。

FUWAGORI

運動場館

LATTEST SPORTS 位於最靠近晴空塔的東區，是一個綜合型運動休閒場館，店內有單車用品店和 the stone session tokyo 攀岩館，如果散步都未夠滿足你對運動的慾望，不如就來放放電啦！

千萬不要學它們在這裏釋放對「運動」的慾望，OK？

農場直送食材

從淺草出發來到 TOKYO MIZUMACHI 西區,應該馬上會被人氣食店 LAND_A 吸引!這裏有室外茶座,當然也有室內用餐區。除了有薄餅、牛扒,又提供在東京少見的長崎名物「檸檬牛扒」,在鐵板上的薄切牛扒沾滿了檸檬香氣,酸酸甜甜超好吃!以為這樣已經算多元化?這裏還有 BBQ 套餐和派對套餐,食材大多是店家與農家直接連繫,讓食客得吃得安心。此外 LAND_A 的對面剛好就是隅田公園,有興趣的話可以順便去逛逛。

貓貓形狀的沙灘玩具,同時也可以用來做果凍或飯糰,入得廚房,出得沙灘,買得過!

KONCENT 是一家充滿設計感的生活雜貨店,如果你對於千篇一律的日式手信感到厭倦,不妨來尋尋寶看看會不會邂逅到命運中的那一個「它」(笑)。只要家裏放一兩件充滿設計感的小雜貨,就會令整體家居變得時尚又有特色,所以不要阻止我買買買啦!

法式方包

MŪYA 是由東京表參道的人氣咖啡店 BREAD, ESPRESSO & 一手打造的方包店,主打口感柔軟綿密的法式奶油麵包,另外有巧克力、芝士、紅豆等其他口味,全部新鮮出爐…呃,不過也要大家剛好來到時想吃的麵包又剛好出爐才行啦(不好意思我吃了誠實豆沙包…提你誠實沙包店裏沒有賣喔!)

① レア天丼 銀座 三よし
② 焼肉一心たん助旦
③ 大衆蛇口酒場 ぎん天
④ GINZA SWEETS MARCH
⑤ Bar LIBRE GINZA

東京Metro有樂町線

primaniacs

⑤

5   6

銀座一丁目

Burberry

tel
大倉
別館

銀座マロニエ通り

I-Primo

9．銀座
畫廊

8

伊東屋

Chanel

Adidas

京Metro銀座線

松屋
銀座

松屋通り

王子
ホール

TsutayaPearl

Metro日比谷線

一風堂

都營淺草線

築地
警察署

銀座
大野屋

- ginza -

銀座

一直以來銀座都是東
京的頂級購物區之一，
你想得到的國際奢侈品牌
都在銀座設有旗艦店，有
的甚至沒預約無法內進！
此外資生堂、三越、伊東
屋等日本老字號在銀座也有
店，總之銀座就代表了日本上
流社會的奢華生活，是貴婦才會來購物的
地方。直至這裏出現了超大型的 UNIQLO
和 ¥100 旗艦店，不知道未來銀座的定位
會否出現變化？

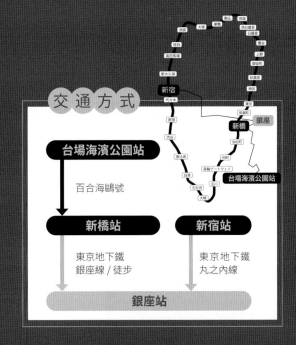

駒込 田端

池袋 大塚 巢鴨 西日暮里
日暮里

目白 鶯谷

高田馬場 上野

新大久保 御徒町 秋葉原

新宿 神田

代々木 東京

交 通 方 式 原宿 有樂町 銀座

澀谷 新橋

台場海濱公園站 惠比壽 浜松町

目黑 田町

百合海鷗號 高輪ゲートウェイ 台場海濱公園站

五反田 品川

新橋站 新宿站 大崎

東京地下鐵 東京地下鐵
銀座線／徒步 丸之內線

銀座站

世界唯一刺身天丼店。

レア天丼 銀座 三よし

地 〒 104-0061 東京都中央区銀座 6-3-15 昭和イーティングビル 1F

時 11:00~14:30（L.O.14:00）、17:30~20:30（L.O.20:00）

交 東京地下鐵銀座線、丸之內線 銀座站徒步 4 分鐘

店內十分乾淨企理，吸引不少女性來吃，而且一點油膩感都沒有，當晚不洗頭也不成問題，耶～～

一般人對天丼的了解，都是白飯上放滿了一堆天婦羅，所有海鮮、野菜被金黃色炸衣包裹，再淋上甜甜的天丼汁。不過レア天丼 銀座 三よし就將既有認知完全推翻。「レア」的意思是「生」，所以這家店就是**主打被高溫短時間炸一炸的脆皮刺身**，以吞拿魚刺身天婦羅為大將軍，紋甲魷魚為副帥，帆立貝為秘密武器！加上脆卜卜的茄子、露筍、紅蘿蔔絲和當季的綠葉（我去的時候是埃及國王菜），一碗將會掀起天丼革命的「刺身天丼」就完成啦！

① 先吃吞拿魚刺身。為配合天婦羅的製法，吞拿魚都有輕輕漬過入味。跟一般壽司店一樣，師傅會提供刺身醬油和芥末。本吞拿魚味道較濃，油脂較多；大眼吞拿魚亦十分鮮甜。我覺得刺身天婦羅的口感和味道都十分特別，好像炸雪糕的外皮包裹着刺身，味道則是滿滿的魚香。

② 吃紋甲魷魚和帆立貝（特上天丼）。今次不用蘸醬油，而是鹽！這裏的紋甲魷魚是半生熟的，非常柔軟，一咬就斷，但又不失魷魚應有的嚼勁。

這家店對選擇困難症者很友善，因為這裏只有海鮮レア天丼（並 ¥1,650）和海鮮レア天丼（特上 ¥2,860）兩款刺身天丼，最大分別是特上多了本吞拿魚和帆立貝，並盛就只有大眼吞拿魚、紅菜頭和迷你番茄天婦羅。雖然 ¥2,860 一個天丼絕對不便宜，不過特上天丼看起來非常豪華，實在令人難以抵擋！

③ 最畫龍點睛的就是帆立貝！蘸了鹽的帆立貝鮮甜度直線上升，又甜又彈牙！

④ 然後就是淋上秘製醬汁的野菜。野菜有點像薄脆薯片，而秘製醬汁甜甜的但不會令人吃到太撐，炸野菜＋白飯＋醬汁簡直是完美鐵三角！

非常風趣幽默的主廚先生，如果大家懂日文，記得跟他說兩句。也不妨帶這本書去給他看，他可能會跟大家盡訴心中情呢（笑笑）！

⑤ 口直し，即是清新你的口腔。始終是主打刺身天的店，所以也使用了壽司店常用的酸薑，平時在天丼店很少會見到酸薑喔！

⑥ 最後一招就是「天茶」！平日吃天丼並不會配茶漬，店主說這低溫鰹魚高湯是刺身天丼的最終奧義。把白飯、配菜，甚至是酸薑放進小碗中，再加入鰹魚高湯就完成天婦羅茶漬飯。這裏的高湯故意調到微溫，倒進放了刺身的飯上也不會令刺身變熟，這家店再一次推翻我對茶漬飯的認知，真是眼界大開！

焼肉一心たん助 旦有樂町店是焼肉一心たん助在東京的第 4 家分店，主打**超厚切牛舌燒肉放題**，在 SNS 甚至電視都非常火紅！我推薦吃 ¥6578 的 Premium 燒肉放題，用餐時間有 100 分鐘，但留意 70 分鐘就會 Last order，對於習慣吃「法國菜」慢慢來的我來說有點趕（汗）。不過看到有 9 種牛舌，及差不多 20 種肉類和配菜等豐富菜單就忍不住流口水啦！

焼肉一心たん助旦

地 〒 100-0006 東京都千代田区有楽町 1-2-11 オーキッドスクエア 1F
時 週一至五 14:00~22:40、週六日及假期 12:00~22:40
網 https://isshintansuke.tokyo/
交 ❶ **東京地下鐵日比谷線** 日比谷站 A2 出口 徒步 3 分鐘
　 ❷ **東京地下鐵丸之内線** 銀座站 C11 出口 徒步 4 分鐘

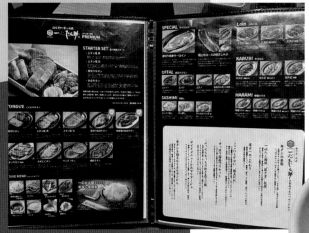

店家推介大家點個白飯配生雞蛋一起吃（當然在放題菜單裏就可以點到），原來這個白飯是由全日本只有 500 名的「五星米 Master」和全東京只有 27 名的「東京米星級匠」的小池理雄先生監修，使用了 3 種米混合而成，找出了顆粒感、黏度和甜味都最佳的滋味。平日不太好米飯的我也覺得它跟牛舌和燒肉猶如天生一對，粒粒分明，甘香彈牙，解膩解滯。

放題一開始會奉上 Starter set，有鹽味上牛舌 黑、鹽味上牛舌 白、厚切牛舌和仙台牛舌，當中以 20mm 厚切牛舌最令人驚艷。這裏的牛舌採用「舌元」這個非常稀少的部位，咬下去回彈力十足，每一口都有肉汁爆開，香味四溢，難怪各媒體爭相報道。

仙台以牛舌聞名，這裏的是以仙台所處的宮城縣牛舌進行熟成、醃製、加工，燒起來脆脆的帶點焦香，但又不會太重口味，加上卡路里非常低，能夠成為店內人氣 No.1 實在當之無愧！

點完食物放題大家又必須點飲品放題套餐，¥1408 的 Standard plan 有 50 種以上選擇，包括汽泡酒、水果酒、Highball 等等；而 ¥1738 的 Premium plan 就包括了 Standard plan 的飲品，再加 2 種啤酒；如果不嗜酒精可以點 Soft drink plan（¥748）。飲品放題並不用綁死全枱人要選同一個 Plan，有人點汽水餐，有人點酒餐都無問題。

除了牛舌，私心推介這款極上牛里肌涮涮燒肉。極上牛里肌非常薄切，只要在爐上輕輕拖兩下就可以開吃。牛脂香氣會在口內化開，肉質軟到好像無牙婆婆都吃到（只是比喻啦）。

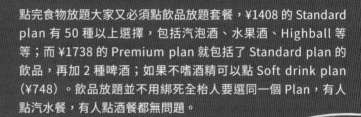

好運的話會得到免費小食，我去的那天就獲得超巨型漢堡扒，Lucky！

飯後甜點推介泡芙雪糕，外面輕柔，裏面的雪糕味道濃厚，有驚喜！

「大眾蛇口酒場 ぎん天 銀座コリドー店」是一間令我「跌眼鏡」的居酒屋！首先解釋一下「蛇口」在日文指水龍頭，大家並沒有上了深圳（笑）。這裏最大特色，就是**燒酒會從水龍頭源源不斷地流出來**，重點是首一小時喝燒酒是免費的喔！食客只需要付「割り材」的錢，「割り材」即是你用甚麼去調酒，例如你想用梳打水配燒酒，那你只需要付梳打水的錢，燒酒是無限量任飲！

2022 年 9 月 OPEN

大眾蛇口酒場
ぎん天

地 〒 104-0061 東京都中央区銀座 7-2-114 東京高速道路山下ビル 1F

時 星期一至四 17：00 ～ 23：30，星期五及假期前夕 17：00 ～ 05：00，星期六 14：00 ～ 05：00，星期日及假期 14：00 ～ 23：30

交 ❶ **東京地下鐵銀座線、日比谷線** 銀座站徒步 4 分鐘
❷ **JR 山手線**有樂町站 徒步 6 分鐘
❸ **JR 山手線**新橋站 徒步 6 分鐘

這裏並不限制每人都要點飲品（即是大家可以光喝燒酒加冰一小時也完全不用酒錢！不過並不建議在日本做出如此小家行為），以及需要 1 人點 2 道料理。

如果大家有留意店名「天」字，其實它是一家**天婦羅店**，店家使用分子調理器炸天婦羅，令炸物相對健康又脆口。這裏的料理大多是一口大小（或 2 ～ 3 口？），小小份的，食客可以多點不同種類，每樣都試試！菜單用 QR Code 掃描就可以看到，每款食物都有照片，不懂日文也可以看圖點菜！

這個露筍天婦羅醜醜的，誰知一咬下去外脆內軟又清甜，加上芝士點綴，好吃！

蛇口焼酎60分無料!!

全卓に蛇口設置!

大山どり天ぷら 自家製タルタル
アボカド生サーモン天ぷら
柔らか長鯛の大葉巻き天ぷら
海老アスパラのあてまき天
とろたくつまみ
白レバ一最中
自家製だし巻き玉子

中トロと天月のマグロ盛り合わせ
布ノ部ねめがねの牛串
甘味の天ぷら
アサヒスーパードライ
梅屋の梅干サワー
ハイボール

蛇口焼酎酒場 ぎん天。

9.16 ㊏ 17時〜オープン!

店員推介以茶調燒酒，有玄米茶、茉莉花茶、黑烏龍茶等等，最後我試了抹茶，一整個懷舊茶壺上桌，非常可愛！原本以為抹茶會被調淡，沒想到倒出來非常濃郁，原來這裏採用「小柳津清一商店」的抹茶，這家在靜岡種茶的茶屋連續 3 年得到農林水產大臣賞，非常厲害！我的「割り材」到了之後，店員就會放一個計時器在桌上，倒數 60 分鐘。如果時間到了還想再喝，可以加 ¥300 延長 30 分鐘。

老實說自己也懷疑了一陣子，到底要不要來這家店試試！因為自己不算很好燒酒，而這些「水龍頭店」看起來好像光有噱頭，感覺就是好玩不好吃…結果不單是店內白木裝潢乾淨又舒服（有的居酒屋真的髒到無法想像…），燒酒好喝茶也好喝，從水龍頭控制「酒量」相當好玩，天婦羅也很好吃，所以給予好評！心想：好在我有來！不然就無法介紹給大家啦～～～那天我還跟坐在旁邊的一對夫婦食客聊得非常開心，最後大家還交換了聯絡方法，我也答應了他們有空的時候要去他們在浦安開的日本餐廳。多得這家店，讓我得到了一個滿身酒氣，溫暖又開心的晚上。

以前如果有人問我:「來日本旅行,想買甜品晚上回酒店吃,去哪裏買好呢?」我大多會回答「便利店」啊!不過我發現真的是「貧窮限制想像」,容許我再答一次!如果你來東京銀座,想買甜品回酒店吃,可以去「GINZA SWEETS MARCH」!

2022 年 4 月 OPEN

GINZA SWEETS MARCH

地 〒104-0061 東京都中央区銀座 5-7-10
時 11:00〜20:00
交 東京地下鐵銀座線、日比谷線 銀座站徒步 2 分鐘

低糖巧克力,送給怕胖的貪吃鬼做手信就最好不過。

「Chocolatier Palet D'or」是日本高級巧克力店的代表之一,在這裏大家可以逐粒巧克力選購,同時也會有銀座店的限定甜品囉!

「Petitrier」主打用蛋白製作的甜品，有入口即溶的幸福感覺。

「SHIZUKA 洋菓子店 自然菓子研究所」人氣 NO.1 的 SHIZUKA 餅乾，以鹿兒島產甘蔗糖、北海道小麥及牛油等製成，以呈現食材原有的純樸美味為賣點。

同樣來自「Petitrier」的人氣甜品棉花糖馬卡龍，在微脆的馬卡龍裏包着 Q 彈的棉花糖，到底是怎樣的神人才能開發出這麼有創意的馬卡龍啊！

距離 GINZA SIX 只有一分鐘路程，商業設施「EXIT MELSA」的 1 樓在 2022 年 4 月開設了「GINZA SWEETS MARCH」，裏面一共有 12 家甜品店，大部分是外賣及手信店，有精緻蛋糕、非一般的大福、巧克力店等等，各式各樣五花八門，樣樣都看似非常美味，如果只能選一樣真的有點難度！

來自名古屋的法式甜品店 Patissier Tokano TOKYO，有精緻西餅、馬卡龍、泡芙和布甸等等，這裏是東京首間分店！

這個數量限定的巧克力聖誕樹也太猛了吧！不單是上面的巧克力，就連下面的底座也可以敲碎後全部吃光！從此聖誕節不要再掛聖誕樹，買盒巧克力聖誕樹更好，可以吃最實際，哈哈！

全新形態的水果大福「金田屋」，下面是大福，上面的 toppings 好像班戟，非常新穎。題外話，照片中所有大福模型都在不停地懸浮自轉，害我一時以為有好多 UFO 大福齊齊降落地球（笑）。

雖然經常提醒自己不要動不動就做「標題黨」，甚麼隱世、絕景、一生人必去、邪惡芝士拉絲…不過今次這家銀座酒吧，容許我以「隱世酒吧」來形容！「Bar LIBRE GINZA」的官方概念是「潛藏在銀座地下的秘密叢林」，怎麼樣，夠隱世了吧！而且它的入口真的非常不起眼，而店舖位置又真的在銀座地下，不得不說店家把這概念完美實現啦！

2022 年 6 月 OPEN

BAR LIBRE GINZA

地 〒104-0061 東京都中央区銀座 1-6-6
　ARROWS ビル 地下 1F
時 15：00 ～ 23：30
交 ❶ **東京地下鐵銀座線、有樂町線** 銀座
　　一丁目站 徒步 1 分鐘
　❷ **東京地下鐵銀座線** 京橋站 徒步 3
　　分鐘
　❸ **東京地下鐵銀座線、日比谷線** 銀座
　　站 徒步 5 分鐘

在地面忽然看到被熱帶植物包圍的招牌就表示找對路啦！

阿馬遜尼格羅尼，猶如在河中落葉上有隻螞蟻，這螞蟻是貨真價實的螞蟻喔！

打開店門一刻，猶如進入了秘密叢林的結界，店內滿佈熱帶植物，抬頭星光閃閃，間中還會有流星掠過，加上那專屬於熱帶森林晚上的風聲蟲鳴聲⋯好治癒啊～

這裏有 6 種以叢林為主題的原創雞尾酒，多以 Hendrick's Gin、Monkey Shoulder、Monkey Shoulder Smoky 等為基底，配以在美國、南太平洋諸島、中南美等地的咖啡、香草、香辛料等等，一看就感受到那叢林的世界觀，喝起來味道非常獨特，非常棒！此外又有以日本酒和水果調製的雞尾酒，當然雞尾酒以外也有其他超多酒可以選擇，酒鬼們去悶了普通酒吧，一定要來喝喝看！提提大家 18：00 後入場的話，每人要加 ¥1000 table charge 和 10% 服務費，可以的話就安排在 18：00 前來吧！

以 Monkey Shoulder Smoky 等為基底，加入椰子、蛋白和菠蘿乾，甜得來酒味偏重。個人非常喜歡這個杯子，非常有南國的感覺！

1 東京 MIDTOWN 八重洲
2 GRANSTA TOKYO
3 GRANSTA 八重北
4 BUTTER 美瑛放牧酪農場

B4

B7

Hotel
Metropolitan
Marunouchi

丸之内oazo

三菱UFJ
信託銀行

總武本線

東京Metro丸之内線

Shangri-La
Tokyo

3

2

丸之内
北口

大丸

14

丸之内
地下中央口 東京 JR

17
18

4
Marunouchi
丸之内

丸之内
地下南口

Tokyo
Station
Hotel

20

中央本線

1

KITTE

1

2 1 區立城東小學

Super Ho
Lohas東京
八重洲中

山手線

4

5

Presso In
Hotel

三菱東京
UFJ銀行

TOKIA

東京Metro丸之内線

6

Yaesu
Book
Centre

東京丸之內
四季酒店

FamilyMart

首都高速

A1

Hotel
Ryumeikan
Tokyo

Natural
Lawson

ABI

郵便局

Yaesu Terminal
Hotel Tokyo

B0

FamilyMart.

Marnzen
丸善

高島屋
Watch
Maison

百十四
銀行

Hotel
Monte
Hermana

鶴屋珈琲

三菱UFJ
銀行

24

Artizon
Museum

三井
Garden
Hotel

京橋

- tokyo -

東京

東京站叫得「東京」，就知道是東京都的心臟和命脈！這裏的巴士、電車車站和月台數量眾多，一不小心就會迷路，如果想坐新幹線到其他縣，或者坐車到羽田機場，從東京站出發都十分方便。有空的話可以看看八角狀屋頂、紅磚建築的東京車站，當然以下介紹的新景點也很值得一去啦！

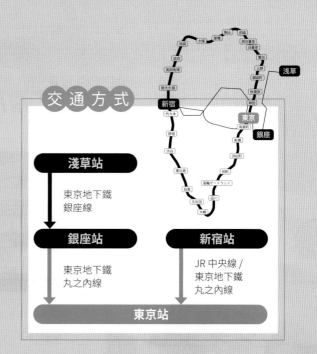

交 通 方 式

淺草站

東京地下鐵
銀座線

↓

銀座站

東京地下鐵
丸之內線

↓

新宿站

JR 中央線 /
東京地下鐵
丸之內線

↓

東京站

東京

2022 年 9 月 OPEN

東京 MIDTOWN 八重洲

地 〒104-0028 東京都中央区八重洲二丁目 2 番 1 号

時 10：00 ～ 21：00（部分店家營業時間有異，請以店家官方網站為準）

交 ❶JR 東京站、東京地下鐵丸之內線 東京站，經由八重洲地下街直通
　　❷東京地下鐵銀座線 京橋站徒步 3 分鐘
　　❸東京地下鐵東西線：銀座線：都營淺草線 日本橋站徒步 6 分鐘
　　❹新幹線東海道新幹線：東北新幹線：北陸新幹線 東京站直通

可能大家都有聽過「東京 MIDTOWN」，這是東京近年一個很大的城市工程，繼「東京六本木 MIDTOWN」、「東京日比谷 MIDTOWN」之後，「東京八重洲 MIDTOWN」也於 2023 年 3 月全面開幕！

「鳥開総本家」的串燒可以外賣，買上新幹線吃是個不錯的選擇！

東京站常常有不夠儲物櫃的問題，有了這裏的儲物櫃，希望能減輕觀光客拿着重重行李到處找儲物櫃的負擔吧！

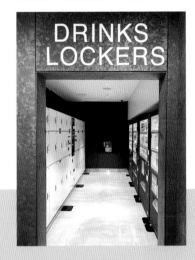

大樓由地下 1 樓至 3 樓為大眾商業設施，包括 STARBUCKS、藥妝店、名古屋雞串燒專賣店「鳥開総本家」、我的壽司愛店「立食い寿司根室花まる」等。

「東京八重洲 MIDTOWN」佔地逾 13 萬呎，合共 45 層。這裏與 JR 東京車站共通，如果自駕只需 15 分鐘便會去到羽田機場，非常方便。這裏集結商場、酒店、餐廳、車站、辦公室等，是幢多功能大樓！

很多人來立食都是為了快快吃完快快走，所以沒時間慢慢選的話，可以點幾件壽司套餐，吃完再上新幹線。

雖然吃過很多次來自北海道的相對高級迴轉壽司店「根室花まる」，但立食的就從未試過。抱着立食質素會否下降的心情點了幾件壽司…結果完全是一樣的美味！

原來穴子是用這樣的機器燒出來的！這裏的穴子十分柔軟，入口即溶，推介！

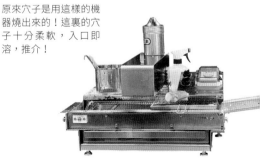

最前面的雙層帆立貝壽司是必點之選，啖啖肉，我多數會將上面那件當刺身吃，下面那件當壽司吃，肉質柔軟但保留了彈性，鮮甜度高，必點！

來過東京站的話，都應該記得東京站的地下街大得相當誇張，猶如迷宮一樣！而地下街（其實地面也有）「GRANSTA」系列店已在東京車站北通路周邊開幕啦！它由在改札口外和站內都設有店舖的「GRANSTA 東京」，只位於改札口外的「GRANSTA 丸之內」，和「GRANSTA 八重北」組成，三大區域各有不同特色店舖，個人覺得除非你有必想去的店舖，不然只逛你附近的區域已經夠滿足！

グランスタ東京

GRANSTA TOKYO

地 〒100-0005 日本東京都千代田區丸之內一丁目
交 JR 東京站、東京地下鐵丸之內線東京站直通

以為坐新幹線的選擇就只有車站便當？GRANSTA 東京有一整層外賣店，想在新幹線上吃燒雞翼也無難度！

來自群馬縣的法式麵包脆餅,是家百年老店!這些法式麵包脆餅以奶油和糖調味,口感鬆化又酥脆,配上紅茶已經是很豐富的下午茶!今次來的時候有不少期間限定和聖誕限定口味,大家到時也可以留意一下!

在 2020 年 8 月,在東京站 1 樓和地下 1 樓的「GRANSTA 東京」增設了大約 6500 平方米的賣場,一共有 66 家店進駐,例如飲食店、便當店、雜貨店、手信店等等,加上之前的店,整個「GRANSTA 東京」共有 165 間店舖,有可能是 JR 東日本目前在日本最大規模的站內商業設施,保證你逛到腳軟,拿到手軟!

整個區域都是便當!以後我也要早點來買便當,花樣款式比車站便當多很多!

當你的老婆、女友(又或者相反)在瘋狂爆買,而你又累得半死時,可以在這個休息區坐着等。這裏還有充電插座,用兩腳插頭還是 USB 插頭都 OK!

「Zopf 咖喱包專門店」即叫即炸的咖喱包 1 日可以賣
700 個，人氣不容小覷！

除了食店還有雜貨店，這家「日本百貨店」
還有東京站限定手帕，無論是左邊黑夜中
的東京站，還是右邊白天下的彩色東京
站，兩塊手帕都好漂亮，當作手信一流。

「Be! FRUITS SANDWICH」專賣水果三文治，平常一般有
8～12 款三文治販賣，買回酒店做宵夜或第二天的早餐也
不錯。

「黑塀橫丁」其實曾經是在 2004 年開業的美食街，不過在 2021 年 8 月結束營業，之後重新整修開幕，相信對黑塀橫丁有感情的大家都十分高興！

2022 年 4 月 OPEN

GRANSTA
八重北

地 〒100-0005 日本東京都千代田區
丸之內一丁目
交 JR 東京站、東京地下鐵丸之內線
東京站直通

「GRANSTA 八重北」是東京站「GRANSTA」商店街系列的其中一部分，2022 年 4 月有第一批美食店進駐，2022 年 8～12 月又有第二批美食店開張！

「GRANSTA 八重北」在 2022 年翻新後，主要以東京站改札外地下 1 樓的「黑塀橫丁」、1 樓的「八重北食堂」、2 樓的「北町酒場」3 個截然不同的美食街組成。目前 GRANSTA 八重北大約有 41 家店舖，包括首次在東京站登場的人氣店手打蕎麥麵「手打ちそばみや川」、鰻魚店「うなぎ四代目菊川」、居酒屋「dancyu 食堂」等等，待所有店舖開幕後，大約會有 40 多家餐廳和店舖，不知道吃甚麼的話，來這裏就對啦！

位於黑塀橫丁的「米沢牛黄木」創業於大正 12 年，無論是壽喜燒還是涮涮鍋都使用頂級米澤牛！壽喜燒可以配上自家製味噌，而涮涮鍋則可以配當店自製的柚子醬油和芝麻醬。店內有半個室和完全個室，想吃好一點？來這裏吧！

「八重北食堂」內有 15 家餐廳，日式餐廳比較多，選擇也多元化，想吃拉麵？有，炸豬扒？都有！天婦羅？亦有！

這家文字燒店「月島もんじゃ たまとや 東京駅」真的非常受歡迎，經常大排長龍，一來因為分量十足又好吃，二來東京的名物就是文字燒嘛！

◀▼最近日本真的很流行外國菜！有以霓虹燈管裝飾得非常吸引眼球的韓國料理店，也有走懷舊古早風的台灣料理店。

「果実園リーベル」主打水果芭菲和小食，這家店在新宿和目黑都是人氣長龍店，特別受女性歡迎！大家快點趁還未有太多人知道八重北食堂設有分店，來盡情享受每日在朝市新鮮入貨的水果甜品啦！

「北町酒場」有啤酒館及居
酒屋等，另外有不少古日
本打卡位，跟另外兩條商
店街氣氛大相逕庭！

今次我試了主打大阪名物串炸的「華
祭」，串炸原本就是最佳的下酒菜，想小
酌一杯，來這裏就對啦。

我點了店內最著名的三文魚配三文魚子他他、原
條燒燒煙肉竹筍、天使之蝦等等，價錢大約3～400
一串，可以接受。我覺得炸皮非常高質，真的有即
炸即上菜的感覺，食物新鮮度也不差。唯一挑剔的
是我好像來了一家只有一個員工（我在非繁忙時間
去）的澳牛…需知道在日本基本上都會把客人當
成上賓，令我有一點點不習慣啦！

Butter 美瑛放牧酪農場在日本人之間非常人氣，每逢週末就大排長龍，大約要等1～1.5小時才能入座，我去了3次都要排超過1小時，好誇張啊！如果行程安排得到，建議在平日非繁忙時間來就可以爽歪歪直接入座！

Butter 美瑛放牧酪農場從東京站走地下通道幾分鐘就會來到，非常方便，路痴如我也不用開地圖！

2023年4月OPEN

BUTTER
美瑛放牧酪農場

地 〒100-0005 東京都千代田区丸の内 2-4-1 丸の内ビルディング B1F
時 11:00 ～ 19:00
交 JR 東京站、東京地下鐵丸之內線 東京站徒步 5 分鐘

這裏的牛油使用攪拌式而非發酵式製法，可以封住牛奶風味，就像會自動滑進喉嚨。如果你跟我一樣喜歡吃菠蘿油，可以跟我試試以1：3的比例切牛油和熱香餅，再用熱香餅包着牛油一口咬下去！牛油在口腔內溶化，微甜的熱香餅不會搶走牛油的鮮味，可以吃得出滿滿的牛奶香氣。

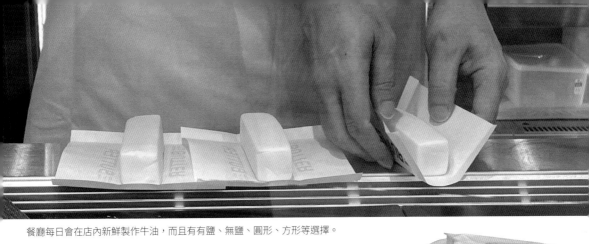

餐廳每日會在店內新鮮製作牛油，而且有有鹽、無鹽、圓形、方形等選擇。

美瑛放牧酪農場是一個在北海道美瑛町一年四季都會放牧的農場，出產 4 種牛奶。店家將在北海道鮮榨的牛奶製成忌廉再運到東京，讓食客可以吃到最新鮮「出爐」的牛油。

這裏其中一樣名物就是牛油熱香餅，熱香餅以美瑛的小麥製作，再以銅板煎到邊位微脆，自帶微糖甜味。而最重點的牛油是重量級嘉賓，連包裝紙上桌的原條牛油足足有 100g，牛油控定必瘋狂！

我就是這樣不知不覺吃了大半條牛油……至於吃剩的，可以請店員給一個保冷袋帶回家，一點也不浪費。

另一款很受日本人歡迎的甜品就是直徑約 9cm 的大布甸！這不是我們常吃到會「震騰騰」的那種，而是古早味實實的昭和風布甸。它使用了新鮮牛奶和雞蛋，蛋香味濃郁，類似燉蛋的味道，扎實的布甸飽肚感十足，如果你不是大食積，點一個跟朋友分甘同味就夠了。

東京站手信私心推介 8 選

去旅行當然不少得買手信環節，順便自肥啦！其中一個買東京零食手信最方便的地方就是位於東京站閘外東京站一番街的 Tokyo Gift Palette 啦！從 JR 東京站八重洲北口的改札口一出來就會看到 Tokyo Gift Palette，買完可以馬上坐車走，方便過方便麵（笑）！其實 Tokyo 除了 Tokyo Banana 之外還有很多其他好吃零食手信，以下就是 Mika 的私心推介。

2 件迷你裝（¥540）小件得來不會小器，加上包裝精美，送給朋友剛剛好。

① Almond 東京：Bon Napoleon

Almond 東京是由 1946 年在六本木創業的喫茶店老舖所開的蛋糕手信店，這裏的 Bon Napoleon 夾心拿破崙批（¥1296 / 6 件）是我目前最喜歡的手信之一，好吃到我閒來無事也要買來自己吃！

這個拿破崙批的批皮香脆，上面有片片烤杏仁和無人工色素的士多啤梨糖，夾心為白巧克力和乾士多啤梨，口感香脆，批皮和白巧克力甜絲絲的，乾士多啤梨的酸味十分清新，一口氣吃幾件也不會膩。

② Pista & Tokyo：開心果巧克力夾心餅

Pista & Tokyo 是間開心果手信專門店，這裏的開心果巧克力夾心餅有原味開心果和開心果紅莓兩種（¥1296 / 6 塊），開心果控可以跟我一樣買原味。白之戀人餅乾中間夾着開心果味巧克力忌廉，一咬下去就像有無數粒開心果在口腔爆發，香氣逼人！這個夾心餅的賞味期限有三個月之多，可以「嗒真啲個味」。

③ Pista & Tokyo：PISTAGE

開心果巧克力夾心餅最適合送禮，而 PISTAGE（¥1728 / 4 件）就是我的自肥之選！香脆餅乾夾着厚厚一層開心果忌廉，口感像絲質幼滑又帶點牛油香氣，外面沾滿一粒粒開心果碎，吃得出啖啖都是真材實料！這款 PISTAGE 需要冷藏，賞味期限只有 4 天，吃之前可放在室溫地方 3 小時解凍。冷藏食物一律建議臨上機前才入手，又或者自己在酒店自肥更佳（笑）。

④ PeTit MarBLe：雜錦丹麥麵包

PeTit MarBLe 是由京都的丹麥麵包店 Grand Marble 所創立的新品牌，目前全日本只有東京站一家店！這裏的丹麥麵包以傳統手法製作，不使用雞蛋、牛奶、牛油和白砂糖等，常溫可保存 10 天。
雜錦丹麥麵包（¥1350 / 4 塊）一盒有 4 個口味，分別是巧克力、栗子、祇園辻利抹茶紅豆和原味。這個丹麥麵包簡直是我心目中的麵包界天花板，麵包柔軟濕潤，味道清而不淡，不知不覺 4 塊麵包超快就吃光光，無論你是否愛包人士都一定會被它圈粉。

⑤ neko chef：肉球法式蛋糕

neko 在日文指「貓咪」，neko chef 就是一家以貓咪廚師為主題的曲奇甜品店，其肉球形狀的法式蛋糕費南雪（¥1296 / 5 個）非常可愛，最適合用來送給喜愛貓咪的女性朋友（或者女朋友，如果你有的話 ^^）。neko chef 的甜點大多是芝士配水果味，其中金文拔芝士配檸檬味的肉球費南雪加入了檸檬皮製作，非常清新，又不失「芝」味。

⑥ neko chef：芝士水果乾曲奇

除了招牌肉球法式蛋糕，neko chef 的芝士曲奇（¥3078 / 15 塊）也令人十分驚艷。芝士曲奇一共有三款口味，金文拔芝士配葡萄乾使用了 47% 以上的金文拔芝士製作，芝士味非常濃郁，愛「芝」之人一定會非常喜歡。車打芝士配蔓越莓曲奇酸味比較突出，怕滯膩的朋友可以選擇這個口味。最後一款是古岡左拉芝士配無花果味，古岡左拉芝士是一種藍芝士，喜歡藍芝士甜點的朋友小心吃上癮！整體來說 neko chef 的曲奇酥脆鬆化，芝士味十分濃郁，加上有水果乾豐富味道和口感，是個人打出相當高分的曲奇手信。

東京布朗尼（原味 ¥2106 / 10 條）

⑦ cote cour：東京布朗尼

cote cour 是全日本第一家布朗尼專門店，這裏的布朗尼十分出色，如果有朋友喜歡吃巧克力，包保會愛上它。原味布朗尼裏面有一粒粒核桃，核桃味不會太搶，布朗尼口感非常幼滑順喉，入口即溶，猶如在吃巧克力一樣，有驚喜！另外還有蘋果味布朗尼，蘋果味不算是新鮮蘋果的味道，有點類似蘋果汁，如果你不太好蘋果，個人比較推介原味布朗尼。

蘋果焦糖味布朗尼（¥1458 / 6 條）

⑧ Tokyo Milk Cheese Factory：芝士夾心餅

最後介紹一款性價比非常高的東京手信：Tokyo Milk Cheese Factory 的芝士夾心餅。它無論是口味抑或大小都有較多選擇，用作公司手信十分適合。3 個口味 30 塊裝的夾心餅禮盒（¥3888，另有 ¥2592 / 20 塊）有金文拔芝士鹽味、蜂蜜古岡左拉芝士味和栗子馬斯卡彭芝士味。有時吃厭了太甜的餅乾，金文拔芝士鹽味鹹鹹甜甜剛剛好，不過要小心一次過吃光一整排啦！

除了以上手信，東京站還有很多零食手信店，可以花上 1～2 個小時來慢慢逛！

① 日比谷 OKUROJI
② HIBIYA GOURMET ZONE

東京交通會館

I1

有樂町
O1O1

I4 I5 C
D I6

ne

町

C7

C8

C6

並木通り

B10 みずほ
銀行

B9

B4

B7 B6
Hermes

Kate B5
Spade

Armani B3

B2

銀座 R7

Ginza Sweets
March

Softbank

- hibiya -

日比谷

日比谷鄰近銀座和有樂町，這裏
沒有銀座高級奢華的氣壓，反而
是歷史感更重，例如到處可見
的紅磚高架橋等，具體地呈現
了現代和歷史的完美融和。日
比谷最著名的就是位於天皇居
住地附近的「日比谷公園」，
它是日本第一座西洋風近代
式公園，距今已有百多年歷
史，更有人美稱那裏是城市
中的綠洲呢！

交 通 方 式

新宿三丁目站

東京地下鐵
丸之內線

霞關站   **明治神宮前站**

徒步 6 分鐘   東京地下鐵
                  千代田線

日比谷站

位於 HIBIYA GOURMET ZONE 旁邊的日比谷 OKUROJI 改建於有樂町站至新橋站之間約 300 米高架橋下的空間，只比 HIBIYA GOURMET ZONE 晚兩個月落成，是一個結合了餐廳、酒吧、商店的地下街區。它的名字 "OKU" 在日文「奧」指深處，意指它位於稍微遠離日比谷及銀座中心城區的深深處，而 "ROJI" 的漢字「路地」解作巷弄，結合起來就是「日比谷的小巷深處」。

日比谷 OKUROJI

地 〒100-0011 東京都千代田区内幸町 1-7-1

交 ❶JR 山手線有樂町站徒步 6 分鐘
❷JR 山手線新橋站徒步 6 分鐘
❸東京地下鐵銀座線、日比谷線、千代田線銀座站 / 日比谷站 徒步 6 分鐘
❹都營三田線地下鐵內幸町站徒步 5 分鐘

為了配合「大人」概念，日比谷 OKUROJI 找來曾為無印良品、MIKIMOTO 與東京現代美術館等日本知名品牌設計的公司 Nippon Dsign Center 操刀設計，在紅色的高架橋下是以黑白灰色為主的簡潔空間，清爽俐落。

鐵板燒

如果你喜歡吃鐵板燒,就不可以錯過 **TEPPANYAKI 10 STEAK & LOBSTER**,在 GINZA SIX、澀谷也有分店。無論是新鮮龍蝦、其他海鮮還是和牛都絕對不會令你失望。如果午市前來,最便宜用 ¥3300 就可以吃到 300 克的 100% 牛肉漢堡扒,晚市的話套餐從 ¥9900 起到最高級的 Premium Pairing 套餐 (¥22000) 都有,豐儉由人。店內以「船」為設計,令食客有在船上吃到新鮮捕獲龍蝦的感覺,非常有心思!

鰻魚飯

來自名古屋的超絕鰻魚飯名店**炭燒うな富士**獲刊登在 2019 年米芝蓮東海版,同時被選為日本食評網 Tabelog 百名店。此店採用高級又罕見的青鰻,以超過 100 度火力的備長炭將鰻魚燒到外脆內軟,就連米飯也相當講究,選用跟鰻魚和醬汁絕配的越光米,光聽都知道好味!

這裏主要為成人而設(並非紅燈區那種成人,不要想歪啦!),希望成人們如果忽然感受到一剎悸動,不如來日比谷 OKUROJI 這個埋在 100 年歷史高架橋下的秘密寶地來探索驚喜,我非常喜歡這個設計概念!

目前這裏約有 42 間餐廳、酒吧、雜貨店等,包括日式居酒屋、天婦羅店、鐵板燒、鰻魚飯店、歐美餐廳、鞋舖、時裝店、物產店等等,如果要認真一家一家逛,逛完再吃,吃完再去喝酒,真的可以花上好幾小時!

藍染雜貨

來自北海道旭川的**水野染工場**創業於 1907 年,大家可以在這裏購買藍染雜貨,有服飾、手巾、袋子等等,也可以參加藍染體驗,親自製作獨一無二的一片藍色,將代表日本的藍色帶回家。

海鮮料理

因為我非常喜歡吃海膽，所以當經過**函館海鮮うにくら**，看到那滿滿海膽照片的菜單，就毫不猶豫地衝了進去！這裏主打不添加鋁、函館直送的無添加海膽，最特別是海膽會以匙羹上菜，小巧得來又精緻好看，重點是這樣就可以一次過吃多種口味，有選擇困難症的話，每款都來一羹吧！

這家店除了主打海膽，三文魚子同樣是招牌之一，所以就點了海膽三文魚子吞拿魚卷，海膽配吞拿魚有多鮮甜相信不用我多說都想像得到，三文魚子大粒又脆口，同樣值得一讚。

下酒菜是海膽芝士慕絲，非常幼滑濃郁，配上各種好看又好喝的雞尾酒，令人好期待海膽快點來啊～～～

一口海膽除了只以醬油和鹽水調味的生海膽，另外還有 5 種選擇。不過所謂小朋友才選擇，我全都要！所以我點了「極上無添加生海膽全餐」（¥2500），一次過吃盡 5 種創意口味海膽！濃湯果凍配海膽的濃湯有點太濃，掩蓋了海膽甜味，個人認為下次可以不點。北海道十勝金文拔芝士多士配海膽非常好吃！芝士薄薄的不會太搶，但又有其獨特軟糯口感，加上多士脆卜卜，令整道海膽多士非常出色。腐皮配海膽也不錯，是最能突顯海膽原本鮮甜甘美的一款，餘韻更帶點大豆香氣，因為腐皮較淡，用吸管加多兩滴醬油會更顯風味。馬肉刺身配海膽也不錯，馬肉沒有一點腥味，十分柔軟，以這個價錢來說（單點 ¥580）根本無得彈！最後是牛油果配海膽，牛油果已經完熟，幼滑濃厚，配上海膽的鮮甜和醬油提味，本來就喜歡牛油果的我真是「喜上加喜」！

總結來說日比谷 OKUROJI 裏的食店不少都非常棒，如果來日比谷旅行，非常非常推薦大家到這裏大快朵頤。

日比谷グルメゾン
HIBIYA GOURMET ZONE

不只香港有「土地問題」，其實東京也有，所以近年東京有不少着眼於活化舊建築、有效活用城市空間的開發企劃。位於 JR 新橋站至 JR 有樂町站之間，有百年歷史的紅磚高架橋下的美食街 HIBIYA GOURMET ZONE 就是其中之一。這裏有 8 間個性不同的美食店進駐，活用了原本高架橋下空蕩蕩的吉位，店舖的外觀變成一個個拱形狀，統一得來各有特色。

地 〒100-0011 東京都千代田区内幸町 1-7
時 板前バル LIVE FISH MARKET
午市 11：00～15：00，晚市 星期一至五 17：00～23：30、星期六 15：00～23：30、星期日 15：00～23：00
RAMEN AVENUE
星期一至六 11：00～22：00、星期日及假日 11：00～18：00
串燒黑松屋
星期一至四 11：00～23：00、星期五 11：00～04：00、星期六 11：00～00：00
DRA Stand X ウラドラ
星期一至五 17：00～24：00（L.O.23：00）、星期六 12：00～24：00（L.O.23：00）、星期日及假期 12：00～23：00（L.O.22：00）
タイ屋台 999
11：30～23：30（L.O. 食物～22：30、飲品～23：00）
SCHMATZ Beer Hall
星期一至五 17：00～23：00（L.O 22：00）、星期六日及假期 12：00～23：00（L.O 22：00）
交 ❶**東京地下鐵日比谷線** 銀座站、日比谷站徒步 3 分鐘
❷**JR 山手線** 有樂町站、新橋站徒步 3 分鐘

如果想試試外國菜，可以到 **DRA Stand X ウラドラ**，一個人來吃薄餅，喝喝啤酒，或者是情侶來個浪漫意大利晚餐也沒問題。泰式料理**タイ屋台 999** 相信沒甚麼人一場來到日本會吃啦（笑），不過如果對日式泰菜居酒屋有興趣的話，不妨換個口味？在德國啤酒屋 **SCHMATZ Beer Hall** 可以吃洋腸…香腸，喝德國啤，這裏的煙燻香腸肉汁爆發，當作宵夜也不錯。留意 HIBIYA GOURMET ZONE 內的食店營業時間各異，記得先查清楚以免要空肚子摸門釘！

難得來日本相信大家都想吃日本菜，個人特別推介**板前バル LIVE FISH MARKET**和**串燒黑松屋**給大家。海鮮美食店板前バル LIVE FISH MARKET 提供來自日本全國漁港直送的新鮮魚介，同時有日式和西式料理，大家可以在陳列櫃上直接挑選想吃的海鮮，同時也有包廂個室，喜歡海鮮料理的朋友可以試試。

串燒店串燒黑松屋選用來自岩手縣、群馬縣的上州軍雞、白金豚等作食材，以備長炭燒烤，重點是有 20 多種本地酒札紅白酒提供（這是重點嗎？）！好運的話會遇上「稀少部位」，例如雞心最下面的部位，一串就要用上 5 隻雞，相當珍貴。

這座有 100 年歷史的高架橋以德國柏林的高架橋為模板，當年工匠們一邊接受德國工程師的指導，一邊以手工打造出這座紅磚高架橋。時至今日，它仍然在支撐着電車的運行，大家可以看到電車＋紅磚高架橋＋食店貫穿時代和地點的有趣畫面。

RAMEN AVENUE 內集結了 3 間拉麵店中華そばふくもり、金澤味噌ラーメン神仙和博多新風，食客可以去心儀的拉麵店購買拉麵，再自行找位子吃。如果跟三五知己來，大家就可以各自挑選喜歡的拉麵，不用限死一個口味！

博多新風是間豬骨湯底拉麵店，本店是關東首間分店。在北陸金澤創業的**金澤味噌ラーメン神仙**使用加賀味噌作湯底，味道非常濃郁。**中華そばふくもり**使用竹笙魚乾熬製湯頭，配上使用北海道產小麥製成的粗身拉麵，擁有不少忠實擁躉！

1 UWS AQUARIUM GA ☆ KYO
2 ARIAKE GARDEN
3 Small Worlds Tokyo

豊洲市場

有明テニスの森

Rainbow Bridge

ゆりかもめ（百合海鷗號）

のぞみ橋

台場公園

有明テニスの
公園

有明
Sports
Centre

りんかい線（臨海線）

お台場海浜公園

FamilyMart

Decks

東京
テレポート

TWR

夢の大橋

自由女神像

シンボル
プロムナード
公園

ゆりかもめ（百合海鷗號）

Aqua City

台場

フジテレビ

Diver City

青海縦貫線

青海

パレットタウン
乗船場

Grand
Nikko

Gundam像

潮風公園

江東區立
有明中學

• Village
Hotel

②

有明中央橋

多目的
廣場

際展示場

TWR

Daiwa
Roynet
Hotel

🚉 有明

asonic
ntre

有明
Washington
Hotel

🚉 有明客船ターミナル
渡輪碼頭

東京
ビッグサイト

- odaiba -

台場

台場是個位於東京灣內的人工島，曾經是江戶幕府時代為了保護東京不受海上攻擊而建造的防禦地點，所謂的「台場」據說就是設有「砲台」的場所。時至今日，台場已成為一個美食、購物、觀光應有盡有的旅行場所，彩虹大橋、等身大高達等等都是台場的地標。而隨着近年一些商場和遊樂設施落成，附近的「有明」也漸漸成為了旅客到訪地點之一，安排個台場、有明一日遊是不錯的選擇！

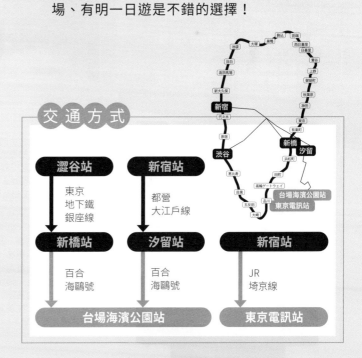

交 通 方 式

澀谷站	新宿站	
東京地下鐵銀座線	都營大江戶線	
新橋站	**汐留站**	**新宿站**
百合海鷗號	百合海鷗號	JR埼京線
台場海濱公園站		**東京電訊站**

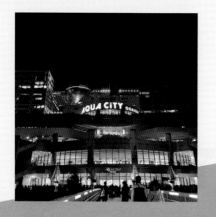

UWS AQUARIUM GA ☆ KYO 於 2022 年 7 月在台場大型商場 AQUA CiTY 開幕,從 3 樓的門口進去就看見,非常易找。這是**結合了日本傳統文化及和風藝術的水族館**,與其說是一般的水族館,不如說是以水族館為媒介呈現的日本美學,在這裏你會得到跟平日去水族館完全不一樣的體驗!

館內劃分了 5 個區域,分別是「侘寂」、「花魁」、「萬花筒」、「遊樂」及「龍宮」,每個主題各有特色,參觀者猶如在藝術館中一個個展區,跟着策展人一步一步走進夢幻水藝術之旅。

2022 年 7 月 OPEN

UWS AQUARIUM GA☆KYO

地 〒135-0091 東京都港区台場 1 - 7 - 1 AQUA CiTY 台場
時 平日 11:00 ～ 20:00、六日及假期 11:00 ～ 21:00
入 成人 ¥1500、小學生 ¥800,小學生以下免費
交 ➊ **百合海鷗號** 台場站徒步 1 分鐘
➋ **臨海線** 東京テレポート站徒步 6 分鐘

穿過以白霧形成的「門」就會來到**侘寂**區域。「侘寂」的日文是「侘び寂び」,它的概念源於佛教的三法印,即無常、苦、空,以美學角度來看,是一種以短暫和不完美為核心的日本傳統美學。如果說牽涉到佛教令人覺得太艱深難懂,簡單地視侘寂為日本傳統簡單、低調的美學就可以了。

侘寂的區域很小,只有一個流水盆景裝置,盆景並非長滿綠葉或花朵,反而是枯木佔的比例更多。相比其他區域,這裏展示的金魚都以全白色、淡金色為主,水池內的石頭也是灰色、暗紫色,完美地呈現日本的侘寂美學。

第二個區域是花魁，有看過花魁的服飾都知道她們的打扮非常艷麗，從妝容、和服、指甲到木屐，統統都非常華麗有氣派！這裏分為兩邊，一邊是用正方、長方形的和風水槽展示各種金魚，這些金魚來自從江戶時期創業的金魚屋「金魚之吉田」，有很多金魚都並不常見呢！

花魁區域有一個拍照點，可以輕鬆拍到和柱金魚缸及和傘的美景，看上去有沒有一點去了京都的感覺？

另外一邊以和傘作背景，而在京都常見的和式花紋柱子就化身為金魚缸，魚缸內外都放了花朵，將外國人眼中的傳統和風之美表達得淋漓盡致！魚缸內的花跟金魚的顏色、種類上的配搭明顯花了一番心思，加上每個魚缸會不停地「幻彩詠魚缸」——魚缸內的燈光顏色會不停變化，令人感覺花魁果然是艷中之艷！

第三個區域萬華鏡，即是萬花筒區，放眼過去在黑暗的空間中，牆身畫滿與大海有關的塗鴉，猶於置身於未來每個人都可以在水底中呼吸的異世界當中！牆上一個個多角型的發光窗口就是萬花筒魚缸啦！

這些萬花筒是與日本品牌 Mirror Ballers 合作，讓人從鏡面中可以看到日本自古以來就有的「幻影」，只不過將萬花筒的內容變成了金魚。不光是萬花筒內的金魚，外面的鏡子看起來就像水晶一樣，美到令人屏息。

接下來是我最喜歡的區域遊樂！能想出在水槽內使用投影技術將水槽變成一個以第一視角移動的千本鳥居實在是太聰明了！原本金魚的顏色就跟橙橙紅紅的千本鳥居十分合襯，這個水槽將實物的鳥居和在神社常見的石、松放在魚缸裏面，配上背景投影出來的千本鳥居，這不單單是美…而是將水陸合一，不可能化作可能，叫人如何不佩服呢？

雖然我已經過了想撈金魚的年紀，但是這個電子撈金魚又真的很好玩！簡單來說金魚會在這電子花池內游來游去，只要雙手撈起金魚就會得到運程預測！一撈到金魚後會出現聲效，金魚也會停在你的手心，再等一下運程預測就會出現在你的手裏！不過因為太好玩我玩到有點腰痛…奉勸大家見「吉」就收，以免樂極生悲（笑）。

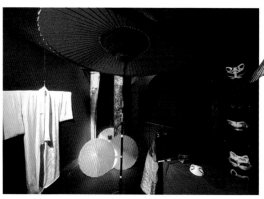

這裏提供金魚紋的和式斗篷、和傘及狐狸面具可用來打卡。

除了撈金魚又有扭蛋籤文，如果扭到不好的籤文真的可以綁在這裏，就跟真正的神社一樣！

此外另一款扭蛋機可以扭到金魚小卡，上面用日文和英文寫了一句話，例如「最重要的就是信賴感」等。

龍宮以東京台場海中的龍宮為主題，這裏同時使用了各種造型的魚缸、盆景，還有色彩斑斕的燈籠，是將整個水族館靈感集於一身的區域。我心想：如果台場海裏真的有個龍宮，應該就是這個樣子啦！

這個造景看起來是不是沒有魚呢？但其實如果細心留意，到處都是一尾尾小魚毛！

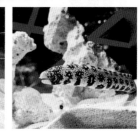

除了整體的美術設計和大量罕見金魚，這裏也有其他魚、蝦甚至是色彩斑斕的珊瑚，可以慢慢觀賞。

以花為主題的刺繡巾着，質感十分好。

很帥氣的面具！穿浴衣去祭典時可以大派用場。

最後來到手信區，多以貝殼、面具和和風巾着為主，選擇不算很多，荷包君力保不失！

鄰近台場的 Ariake Garden（有明花園）佔地超過 10 萬平方米，被喻為東京灣岸最大商場！這裏有酒店、溫泉、約 200 家商店，可容納 8000 位觀眾的劇場型大廳「東京花園劇場」等，玩足一天也不會膩。

有明ガーデン

ARIAKE GARDEN

地 〒135-0063 東京都江東區有明 2 丁目 1－8
時 商店 10：00～21：00，食肆 11：00～23：00
交 ❶ 臨海線 國際展示場站徒步 6 分鐘
　❷ 百合海鷗號 有明站徒步 4 分鐘

大型無印良品

「無印良品 東京有明」有 3 層高，佔地約 5 萬呎，是關東最大規模的無印良品分店。一樓主要販賣食品、冷凍食物、飲品等等，同時也有 Café & Meal MUJI、MUJI Bakery。2 樓販賣家具、室內用品，更有家具配置諮詢服務，甚至可以購入「無印良品的小屋」！3 樓有衣服雜貨和生活小物等，無印粉絲記得來逛逛啦！

酒店 Villa Fontaine Grand Ariake 一共有 11 種房型，由 2～4 人房都有，餐廳提供各種日式、西式、中式自助餐，全天候營業，當然不少得兒童菜單和餐具，方便帶小孩來旅行的旅客。

有明花園內的食街選擇很多，每間都非常歡迎親子顧客到訪，當然不會少了兒童餐啦！

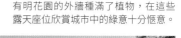

有明花園的外牆種滿了植物，在這些露天座位欣賞城市中的綠意十分愜意。

佔地約 6800 平方米的綠地廣場「有明花園 Park」，雖然冬天時有一點點…禿？但夏天時綠油油一片真的很美。

泉天空の湯的「館內着」（租金 ¥200），浴衣不是可愛款式有一點點可惜啦⋯

天然溫泉

有明花園其中一個最大賣點就是**泉天空の湯**天然溫泉！自從大江戶溫泉物語閉館後，東京可以泡大型溫泉的地方買少見少，所以這裏就滿足了很多在東京想泡溫泉的「泡友」（咦！這個字好像不是這樣用）。這裏佔地 3000 平方米，取用地下 1500 米處湧出的天然溫泉，有露天風呂、按摩溫泉、碳酸泉，還有每天都有不同主題的風呂，例如花、水果、香草泉等等。目前日本正在吹着一股桑拿熱風，這裏也不乏乾燥桑拿，還有溫度高達 50 度的鹽蒸桑拿！溫泉是 **24 小時營業**，不過每個設施的營業時間不一樣，大家記得留意啦～

泉天空の湯的購票處，連平日也非常多人，超人氣！收費方面，成人平日 ¥2600，假日 ¥3200（小童每日 ¥1800），如果要去岩盤浴另加 ¥800。另外有深夜特別費用等其他收費。如果要來泡溫泉，建議來玩足半天才能回本啦（笑），不然大家也可以考慮入住 Villa Fontaine Grand Ariake，會有特別優惠。

有明花園的重點之一，位於 4 樓的 KIDS ARIAKE GARDEN 在 2022 年 12 月翻新完畢，設有繩梯、吊床、繪本閣、滑梯等等，小朋友可以在這裏玩個夠本，重點是**免費**的喔！

同層到處都是小童服飾和用品店，相信媽媽們也會買到手軟！

位於台場附近有明的 Small Worlds Tokyo 總面積有 8000 平方公尺，是**全世界最大的室內迷你模擬主題樂園**。園內有六個展區，將「世界」以 80 分之 1 的比例縮小，而所有區域都有利用燈光明暗做出晝夜變化，大家可以在 15 分鐘內一次過看到白天、黃昏、夜景，音效也做得非常逼真！順帶一提，你甚至可以購買一年「住民權」，將自己變成 80 分之 1，成為這個小小世界裏的其中一位住民！

SMALL WORLDS TOKYO

地 〒135-0063 東京都江東區有明 1 丁目 3-33 有明物流センター 2F

時 （營業時間會因日子而改變，詳情請參閱官方網頁）
09:00 ～ 19:00（最後入場時間 18:00）

入 成人 ¥2700、12 ～ 17 歲 ¥1900、4 ～ 11 歲 ¥1500

交 ❶ 臨海線 國際展示場站徒步 9 分鐘
❷ 百合海鷗號 有明テニスの森站徒步 3 分鐘

首先登場的是以 1960 年代和未來的太空建設為背景的「**太空中心**」區。這個區域的火箭真的會升空（每 15 分鐘一次），而且發射前會有外國人倒數發射的指令，升空時火箭引掣會冒出大量白煙緩緩升空，好帥氣。看到火箭升空真的十分驚喜，我還以為只有火車等等會移動呢！此外這裏還有很多機關會動，例如穿梭機也會移動，還按下其他按鈕一定會有驚喜。

一來到入口就見到《新世紀福音戰士》的初號機在迎接大家進入這個不可思議的夢幻國度。

穿過這條隧道，所有東西都會化成 80 分之 1 小，有沒有《愛麗絲夢遊仙境》喝下藍色藥水後爬入夢幻世界的感覺？

SMALL WORLDS TOKYO 裏有很多互動按鈕，按下去機關就會出現！好像這個明明只是個工廠，但是按了按鈕，工廠就會整個升起，看到工廠裏正在工作的…香腸？和小學生！

看到寶箱裏的字嗎？只要集齊 6 個寶箱字，就可以得到小小禮物一份！

「世界小鎮」區是我其中一個最喜歡的區域，它並不是將一個真實的國家縮小打造成小鎮，而是參考了世界上各個地方，所設計出來的原創世界小鎮。如果仔細留意就會發現有不少幻想與蒸氣龐克元素，令人聯想起《哈爾的移動城堡》！

整個世界小鎮裏大部分機關都有火車出現，這個類似皇宮還是大教堂的機關，火車上放滿糖果，超可愛！

世界小鎮會隨着不同季節而變化，例如聖誕前就有聖誕小鎮，臨近萬聖節就會放滿南瓜和可愛的白色小鬼。

到訪當日職員未有介紹其他區域的
靈感來自哪個地方，但就特別說明
這個區域是以香港為設計藍本！

「美少女戰士區」應該是很多少
女（現已變成中女）的回憶！這
個區域以東京麻布十番的街景為
主，暗暗隱藏了美少女戰士和禮
服蒙面俠的身影，還有超大的滿
月與水晶，重現了故事中的未來
都市「水晶東京」！

除了這幾張照片，還有其他美少
女戰士隱藏在街道之中，等待大
家來慢慢發掘。

看到初號機的頭就
知道我們要準備踏
進《新世紀福音戰
士》格納庫的區域！

再仔細看看初號
機上面，會看見
熟悉的面孔啊！

大家已經準備好啟動，蓄勢待發！當一切準備就
緒，3 部 EVA 就會上升到陸地作戰！

從這個角度看，初號機真的超！級！大！

之後就會來到「第 3 新東京市區」，即是 EVA 的
戰備城市！大家可以看到戰機、砲台、依山而建的
城市等等。當使徒來襲時，最右邊那區可以藏到地
下保護居民，超可惜我趕着走沒看到。如果本身對
《新世紀福音戰士》不太熟悉，建議先了解一點基本
故事內容再來，這樣看起來一定會更加有趣！

「第 3 新東京市區」內的
學校，這校服不就是凌
波麗常穿的那套嗎？

「關西國際機場區」是最有現實感的展區，不單是停機坪上的飛機輪流升降，就連跑道上常聽到的引擎聲，機場內人們的百態也栩栩如生地重現出來！不少喜歡飛機的朋友在這個區域流連忘返。

跑道上的天色變化比其他區更明顯，滿天星快要多到我只看到星星看不到飛機啦～真的太美了～

開頭提過大家可以把自己做成住民，放進這個迷你的世界裏，同時大家也可以參加工作坊，例如做一件小食物等，看大家的時間和能力而定。看完展覽還可以自己做，相信更能感受到要製作出如此龐大的小小世界要花上多少時間和心力，我想做完之後再看展覽又會有另一番體會呢！

❶ 江戸前場下町
❷ teamLab Planets TOKYO
❸ LA VISTA TOKYO BAY

新豊洲
さくら広場

Hotel JAL City

ゆりかもめ（百合海鷗號）

城北信用金庫

市場前🚉

1A

2A

豊洲
市場

❶

豊洲市場青果棟 ●

大和壽司

Vegan Ramen
UZU Tokyo

2

新豐洲 🚉

1A
2A

TEPCO •
豐洲

首都高速10號晴海線

豐洲

「豐洲」跟台場一樣，是位於東京灣上的人工島，自從 2018 年豐洲市場取代了築地市場，這裏也漸漸變得越來越多遊客到訪。不過留意如果你要去豐洲市場，那麼星期三和星期日就會有極大機會吃到閉門羹而不是夢寐以求的新鮮海產！要小心囉～

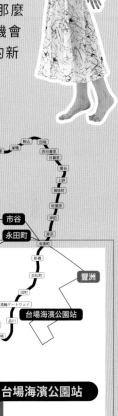

交 通 方 式

新宿站	澀谷站	
↓ 都營新宿線	↓ 東京地下鐵半藏門線	
市谷站	永田町站	台場海濱公園站
↓ 東京地下鐵有樂町線	↓ 東京地下鐵有樂町線	↓ 百合海鷗號
	豐洲站	

江戶前場下町距離豐洲「市場前站」只有 1 分鐘步程，交通非常方便！這裏以日本江戶時代城下町發展而成的**江戶前飲食文化**為主題，分成三個區域，分別是美食區「豐洲場下町」、市集區「市場小路」和多功能廣場「江戶前廣場」，目前共有 13 間美食、手信等店舖，無論你想吃、想買還是逛逛露天市集，休憩散步都可以滿足到你！

江戶前場下町

地 〒135-0061 東京都江東区豐洲 6丁目3－12

時 09：00～18：00（部分店舖 營業至 21：00）

休 與豐洲市場相同（星期日及假期，以及部分星期三公休）

交 ❶**都營巴士**市場前站徒步 2 分鐘
　 ❷**百合海鷗號** 市場前站徒步 2 分鐘

本まぐろ直売所當然主要是賣「本鮪」，即是日本最高級的藍鰭吞拿魚。大家可以買刺身回酒店吃，也可以在江戶前場下町的公眾座位吃飽飽才離開。除了藍鰭吞拿魚，也有冷凍長腳蟹、冷凍帆立貝刺身等。

位於美食區的**壽司菜**，除了提供壽司還有海鮮飯！食材當然來自豐洲市場，有品質保證。這裏也有我最愛的海膽三文魚子飯（¥4000）！

除了壽司等主菜，炸物也可以外賣。

海之幸 福笑是一家關東煮店，提供外賣。部分關東煮材料比較少見，例如蠔、玉子燒等。如果不知道點甚麼就點「七福」，有 7 種關東煮只需 ¥400！

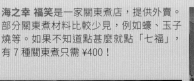

經過木板小路就會從美食區來到市集區。

和田久創業於大正 14 年，是一家鰹魚高湯專門店，有出售整塊仍未削的鰹魚，如果對日本高湯有興趣不妨一逛。此外深蒸茶「銘茶部三久」都是人氣商品。

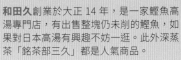

如果買了刺身，可以考慮買個保溫袋盛載。這吞拿魚身上寫着店名「本まぐろ直売所」，大家有看到嗎？

我買了一盒吞拿魚刺身加一盒醋飯（¥200），吞拿魚起碼是中拖羅部位，肥美新鮮，柔軟甘甜，雖然有少少的筋，但以 ¥1600 這個價錢完全可以接受！因為拖羅油分較多，配上開胃醋飯剛剛好！

江戶前廣場的紅傘十分吸睛，這裏會不定期舉辦露天市集等活動，當然大家也可以像我一樣，買完食物之後來這裏吃啦。

在這裏吃完之後還可以洗手和丟垃圾，很適合不習慣把垃圾帶回家的遊客，貼心。

TEAMLAB PLANETS TOKYO

地 〒135-0061 東京都江東区豐洲 6 丁目 1 － 16
時 09：00 ～ 22：00（部分日子時間有所不同，
以及 2 月後的時間，請參考官方網頁）
交 **百合海鷗號** 新豐洲站徒步 1 分鐘

teamLab Planets TOKYO 建於 2018 年，原本在 2023 年就要跟大家說再見，但因為反應甚好，所以官方決定要延展至 2027 年末，如果想來就一定不能等啦！teamLab Planets 分為 4 個巨大的作品空間，還有 2 個庭園作品，當中部分在 2021 年才設立，大家千萬不要看漏眼！

teamLab Planets TOKYO 其中一個特別之處就是大家都要脫光光…是鞋子和襪子啦！這樣大家才能更深刻地感受到作品的思想，和置身於水中的美術展覽融為一體，成為作品的一部分。

還未進到 teamLab Planets TOKYO 裏面，門前的這個火焰柱令我聯想起《2001 太空漫遊》電影裏的石碑，就像有甚麼啟示似的。它是在 2021 年推出的新作「從空中噴湧而出的焰粒子世界」，只要站在火焰柱旁的地板部分，火焰的形狀就會產生變化，還會變成「絕對黑色」。

如果要玩盡 teamLab Planets TOKYO，記得下載 teamLab App，再以 Distributed Fire 靠近作品中的火焰。這時火焰會「點燃」你的手機，之後你可以用這個火焰傳遞給你的朋友，朋友再傳給朋友的朋友（類似傳聖火的概念？），被廣泛傳播的火焰會描繪出一幅火焰地圖！

豐洲

「鵝蛋」一共有 61 種色彩不斷變化！

同樣在 2021 年面世的作品「苔蘚庭園中呼應的小宇宙群 —— 固化光色，日出與日落」，它在白天和晚間會有不同面貌，白天時會清楚看到地上的苔蘚，一個個「鵝蛋」猶如鏡子般發銀，好像一個個「銀蛋」。日落之後，「鵝蛋」會發出夢幻之光，但隨着風吹雨打，它的顏色也會改變。沒有風吹雨打，也可以人為跟它互動，只要輕輕觸碰一下，它和附近的「鵝蛋」就會一同回應你，發出閃爍耀目光芒和特別的音色，而且像不倒翁一樣，被推倒也會再次「站」起來。相反如果沒有任何觸碰，它就會慢慢地忽明忽暗，不過到訪當日人人都忙着摸來摸去，根本沒機會看到它忽明忽暗的一刻啊～

接下來介紹最受歡迎的作品之一「飄浮的花園——花朵與我同根同源，花園與我合為一體」（有沒有發現作品的名字都超長）。這個空間裏充滿花朵，地板和牆壁都是鏡子，有種置身於花卉萬花筒的感覺。來到這裏第一反應是：花卉都長得很低，難度要爬進去嗎？不過原來只要是有人的地方，花朵會飄浮上升，形成一個空間，所以大家可以感受到被花朵徹底包圍的感覺。不過這個作品有限時參觀，而且算是挺趕逼的，想拍到美照，又有時間觀賞花朵，可能要化身時間管理大師，又或者重新排隊入場了。

這個作品大多使用了可以在無土壤的地方下，只靠吸收空氣中的水分生存的蘭花，有蝴蝶蘭、跳舞蘭等等，愛花之人一定會目不暇給！

「錦鯉與人共舞所描繪之水面圖——無限」是其中一個使用到水的作品，冬天時水會變成暖暖的，好舒服！水池內滿滿都是花朵和錦鯉，如果錦鯉碰到人，就會化作花朵四散而去，可說是設計師與參觀者一同完成這件作品。此外錦鯉游動的軌跡並不是預先錄製，每次都不一樣，所以每一次來都會看到既熟悉又不同的畫面呢！

亮光的時候彩色燈光不只是令水池發出夢幻色彩，如果穿白衣的話，就連衣服也好像變成了作品的一部分！

大部分女生都喜愛的作品「無窮無盡的水晶宇宙」（我想起一句歌詞「無窮無窮小宇宙…有人懂得唱嗎？」），它是以「無窮無盡」的光點所創作的作品，有點像小時候畫的點彩畫，只是每一點都變成會變色的亮燈。大家可以用剛剛提及的應用程式在光點之上加入各種圖案，不過今次我就覺得 less is more，光是以它原本的畫面拍攝，已經好像快要進入未來的世界了！

「飄浮於落花世界」有點像花卉大影院，大家可以坐在甚至躺在地上欣賞好像太空館的弧形熒幕上的各種落花，非常唯美。

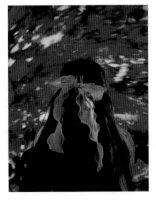

亮點之間部分位置顏色不一，向着它們走過去，就像要邁向一個未知的國度。留意這裏的地板也是鏡子啊，不想走光的話可以穿長裙或褲子來，這樣才能玩得盡興！

最後這件作品應該是 teamLab 的代表作之一，在這個房間裏充滿可以自由浮動的球體，如果球體擋路可以把它們輕輕推開，當球體被拍打或受到衝擊時，就會改變顏色和發出特有的聲效。

從「市場前」站一出就會見到一整幢的天然溫泉酒店 LA VISTA TOKYO BAY，交通非常方便！它附近除了豐洲市場和 teamLab Planets TOKYO 以外景點不多，推介想窩在酒店一整天 Staycation，或去以上兩個景點的遊客入住。

預約時由於選擇運河側高樓層（我是在 jalan 預約的，確保住在 8 樓以上，最後入住時是 12 樓），風景真的超美，可以看到彩虹橋和東京鐵塔！

2022 年 7 月 OPEN

LA VISTA TOKYO BAY

地 〒 135-0061 東京都江東区豐洲 6-4-40
交 **百合海鷗號** 市場前站徒步 1 分鐘
註 部分圖片取自酒店官網

LA VISTA TOKYO BAY 系列酒店有個晚間名物，就是「夜鳴き蕎麦」。這個免費拉麵在晚上 10 點至 11 點半左右（視乎當天開放時間）提供，現場即點即煮，然後可以在配菜區加入喜歡的配菜，例如白葱、青葱、海苔、竹筍等。雖然小小一碗但是味道很不錯，難怪 10 點前來還有小小的人龍啦！

「夜鳴き蕎麦」直譯是「夜響拉麵」，因為很久以前「推車仔」或者大牌檔店主賣麵時會吹哨吶吸引食客，因而得名。另外「鳴き」的發音跟「泣き」（哭）一樣，而且哨吶的聲音太哀愁，所以又叫「夜哭拉麵」。

酒店其中一個賣點就是無敵的東京灣溫泉，是我在東京泡過夜景最美的溫泉！以往想要在東京泡溫泉多是去近郊地方，沒想過可以看着東京鐵塔和彩虹橋泡呢！內湯更是貨真價實的天然溫泉，泡完全身滑溜溜。要留意東京鐵塔的關燈時間在晚上 12 時，想看着東京鐵塔泡溫泉就要留意啦！

酒店共有 9 種房間供大家選擇，當中面積達 46 平方米房間是最大的房型，附有露台及 4 張床，適合一家大小入住。至於我入住的客房屬 29 平方米大的 2 人房，有 2 張大單人床和一張小梳化配小圓桌。

除了內湯，外湯同樣不能錯過！因為除了可以同時看到東京鐵塔和彩虹橋，更加可以看到晴！空！塔！酒店也貼心地在半腰高的玻璃上加上箭咀標示位置，以免大家傻傻分不清。

除了晚間拉麵，早上的自助餐更是名物中的名物！有 90 種選擇，從日式的關東煮、天婦羅、燒魚，到西式的煙肉、炒蛋、薄切牛扒，懶起床的朋友也請留一個小時來享受早餐！說到最人氣的一定是自選海鮮飯，可以無限任吃三文魚、鯛魚、甜蝦、吞拿魚、吞拿魚蓉及三文魚子！

The Royal Park
Tokyo Haneda

的士站

京急空港線

東京モノレール（Monorail）

羽田空港第3航廈

羽田空港
第3ターミナル

羽田空港
第3ターミナル

Hotel Villa
Fontaine Premier
Haneda Airport

環八通り

羽田空港
第1 • 2航廈

京急空港線

- haneda -

羽田

羽田機場位於東京大田區，是東京唯一一個機場（成田機場是位於千葉的喔），又名「東京國際機場」。可能香港人對成田機場比較熟悉，不過其實日本國內最大的樞紐機場就是羽田機場，是全日本最繁忙的航空中心點，所以日本人又稱羽田機場為「日本、東京的玄關」，即是外國人來到日本時最先踏進的門口！有機會的話，下次來日本經由羽田機場，一定不會令你失望。

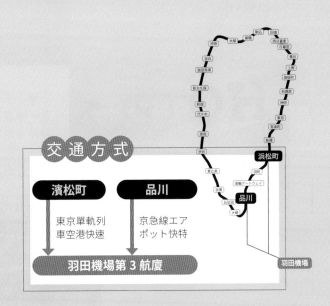

交通方式

濱松町	品川
東京單軌列車空港快速	京急線エアポット快特

羽田機場第 3 航廈

如果你的航班飛羽田，100% 推介你來「羽田機場花園」！這是一個綜合式商場連酒店，想購物、買手信？有！想找餐廳、歎和食？都有！想泡溫泉、住酒店？都有！

2023 年 1 月 OPEN

羽田機場花園

地 〒 144-0041 東京都大田區羽田機場 2-7-1
時 08:00~21:00（購物、一般服務），
08:00~23:00（餐廳、咖啡店）
交 京急空港線、東京 Monorail 線羽田機場第三航廈站

日本長廊（2/F）

一進入羽田機場花園，首先會來到日本長廊。這裏一邊是落地玻璃，一邊擺放了鋼琴，遊客可以隨便演奏。日本長廊 15 家店舖薈萃了日本傳統及現代文化，對於剛下飛機，急不及待想要看到更多「日本」的遊客們，這裏一定不會令你失望。

商店手信篇

Kurochiku

主打日本雜貨，有手袋、和扇、手帕等等。到訪時正值盛夏，還有小孩子穿的甚平（休閒和服）和浴衣呢！小孩子穿着這麼可愛的浴衣上街，一定可愛度爆燈啊！

如果你紅眼機來，紅眼機走，記得留意營業時間，不然就只能眼紅紅地看着冷清的商店街和食街了。不過如果你預約了羽田機場酒店，那就不同啦！關於酒店方面後面會再介紹。

日本茶 Kimikura

提供抹茶拿鐵、培茶拿鐵，加 ¥100 可以轉為燕麥奶，
對於素食者和牛奶過敏者相當友善。另外亦有傳統的日
本煎茶，即買即飲。如果你是坐「滴滴（水）皆是錢」
的廉航，這裏可能是你的綠洲⋯⋯綠茶之洲！（笑）

除了現買現喝，大家也可以
買茶包做手信，包裝充滿傳
統美，非常精緻。這款羽田
機場花園限定的深蒸掛川茶
味道甘甘的，又帶點茶的澀
味，送給大人應該就沒錯。

從羽田機場第三航廈 2 樓入境大堂經過連絡
通道就可以直達羽田機場花園，佔盡地理優
勢！中午機到的話，一到埗可以先吃飽飽再
出市區（雖然嚴格來說羽田機場也是位於市
區啦），臨走時也可以來血拼一波最後衝刺
再上機，真的太太太方便啦！

傳統日本茶大都帶苦澀味，所以日本人喜
歡配着甜甜的零食一起吃。這個竹籠 Tea
Set（翠）（¥1639）有 2.5g 茶包 6 個，和
抹茶味銅鑼燒 2 個，又一手信之選。

想品好茶，當然先要有個好杯！
這裏有多款萬古燒的高台碗，價
錢相當合理，推介！

Papabubble

明明是來自西班牙的手工糖，哪裏日本啦？原來這家店有羽田機
場限定的雜錦味糖果（¥670），一共有 5 個款式，包括中間寫着
「羽田」的士多啤梨糖果、有富士山圖案的櫻花味糖果、力士樣
子的巨峰味糖果，還有飛機樣子的波子汽水味糖果！這裏也有
即場製作手工糖環節，廚房外貼有時間表，想看就不要錯過。

和風美食篇

金粂

今次我來到羽田機場花園吃午餐，目標是在 Google 評分上有足足 4.8 分的「金粂」魚料理店。（原諒市儈的我遠遠一看以為店名是「金條」）

京都茶寮翠泉

可以品嚐到各種新式京都和菓子，例如以濃郁抹茶雪糕為賣點的翠泉芭菲（¥1600），旁邊有白玉（糯米小丸子）、紅豆、小蛋糕、曲奇脆脆等，看起來超豪華！另外我很喜歡吃蕨餅，所以對於加上忌廉、紅豆和白玉的蕨餅（¥1400）也很感興趣。

不過最人氣、最特別的應該是 ¥300 一串的超美糰子啦！左起是傳統醬油味，再來是紅豆蓉、抹茶、黑蜜黃豆粉、牛油芝士，和櫻花季節到處都會看到的賞花三糰子。

金條⋯⋯不是，「金粂」的來頭可不小啊！它前身是在明治四年創業的水產批發商「尾粂」，因為品質好，就連米芝蓮三星店也是常客。金粂主打三款魚定食，有使用高級帝王三文魚的三文魚親子飯，用味噌煮到連骨都化開的鯖魚定食，和在日本電視台、東京電視台都被介紹過的生吉列竹筴魚定食。

既然上過電視，我當然要試試生吉列竹筴魚定食（¥2500）有多棒！老實說看上去就是一般定食，說是生的竹筴魚，也像沒有生到哪裏去，不過多看無謂，食最實際！

先把他他醬拌勻，再放在生吉列竹筴魚上……天啊真的太美味啦！吉列外皮非常脆口，跟魚肉之間沒有多餘空間，亦沒有油膩感。魚的部分炸到半生熟，熟的部分味濃，生的部分味鮮，生熟度令人十分滿意，將我對竹筴魚味道的理解又提升了一個層次。另外不得不大讚特讚自家製他他醬，加入了蛋黃醬、蛋黃、洋葱、蘿蔔漬物，每一口都吃到濃郁的蛋味、洋葱的天然甜味，還有蘿蔔漬物相當脆口，層次豐富。

沒時間慢慢吃，可以考慮外帶羽田店限定的三文魚親子卷，使用了高級的帝王三文魚，光想想已經流口水。有的人受不了鯖魚壽司的醃醋味，但如果你喜歡，也可以買數量限定的鯖魚壽司在途中慢慢品嚐喔！

其他店舖（2/F）

走完了日本長廊，會見到 6 家不屬於任何商店街範圍的店舖，不過不代表它們不值得逛。當中我在一家巨型手信店至少流連了半小時以上，而且還不小心買了很多手信呢！

Tobi Bito Sweets Tokyo

主打食物類手信，另外也有一些雜貨，可說是必看之選！

罐裝多啦 A 夢曲奇（10 塊入），這個罐子很可愛，將多啦 A 夢的樣子整齊排列後充滿和風感覺，而且價錢只需要 ¥864，好划算！

迪士尼 100 週年跟山本海苔店合作推出的罐裝海苔，有原味燒海苔和有味道的味附海苔，小朋友口味的我就比較喜歡味附海苔啦！

小熊維尼的 Tokyo Banana（真的有蜂蜜味）和小魚仙巧克力餅。買 8 件裝的小熊維尼 Tokyo Banana 還會隨機附送小熊維尼明信片，8 款都好漂亮！

另外有我私心推介的羽田機場限定熊熊罐子巧克力零食（¥1404）！這個罐子美得來還附有一個小飛機的配件啊！

相信大家對 Sugar Butter Tree 並不陌生，充滿穀物香氣的外層餅乾，夾着香噴噴的發酵奶油燒製，自推出以來成為東京必買手信之一。這裏除了原味，還有季節限定的開心果味，去東京站也不一定買得到，幸運見到的話真的手快有，手慢無！付錢啦！

同樣是羽田機場限定的飛機小熊零食罐。這個小罐子超級紅，上過電視，而且是超著名的節目《マツコの知らない世界》！仔細看就會發現罐子背面也有可愛的熊貓花紋，而且又不佔地方，快快放入購物籃啦！

這裏有寵物小精靈的粉絲嗎？自從監控睡眠 App "Pokemon Sleep" 推出之後，我也不小心變成粉絲了啦！這個精靈球罐子入面有 10 粒 5 款波子汽水糖，例如紅色就有比卡超和伊貝。

與東京國立博物館聯乘的手信系列，真的超驚喜！大家可以找到葛飾北齋浮世繪罐子的巧克力果仁、印上了歌川廣重浮世繪的仙貝，還有如果玩過「動物森友會」，一定非常熟悉菱川師宣作品《回眸美人圖》！到底這幅「端莊的名畫」是真品還是贗品呢？森友們：「當然 100% 是真品啊！因為她的頭是向右邊看！」嗯嗯，玩遊戲果然學到不少知識呢！

Kokuyodoors

日本非常著名的文具店。一進去就會看到大大部文具自動販賣機，只要點選想要的文具，它就會自動掉下來，日本果然是文具大國，也是自動販賣機大國呢（笑）！

我們對限定商品的愛是永不止息！今次是日本學生人人皆知的 Campus 單行本，無論掀去前面或是後面，都不會因為中間的書軸壓到手而影響寫字。而這些和風設計都是限定的喔！

有時有些新文具，沒有人教真的不懂用。好在這裏有個文具教學試用區，例如無釘釘書機、兩用美工刀等。

Guess

不少人來日本都是一個唸來，兩個唸走（我媽也是）。如果來到機場急着找行李箱，Guess 會幫到你喔！而且他們有羽田機場限定版行李箱，對限定品很執着的朋友一定很高興啦！順帶一提很多商品都有半價優惠，是個血拼的好地方。

羽田参道（2/F）

羽田参道的設計是以幾個木色鳥居相連，做成神社參拜路般的感覺，是羽田機場花園其中一個重點商店街區。主要出售日本製商品，還有日本風的雜貨、美食等等。不過得不吐槽一下，大家可能要花多點想像力才能聯想到這個設計是神社、鳥居啦！

吉祥寺 菊屋

主打日式餐具，碗碟杯筷應有盡有，而且價錢從親民價到奢華價都有，無論自用還是送禮都有一大堆候選品來等着大家挑選。

以天然木造的櫻花夫婦對筷，除了有對筷還附有筷子座和木箱，完全是送禮之選。

江戶切子是日本指定的國家級傳統工藝品，據說源起於江戶（東京舊稱），可說是東京最具代表性的手信之一。江戶切子只有職人出神入化的技藝才能做到，職人要將1350度的熔化水晶玻璃切割加工，呈現出透明的切割痕跡和彩色玻璃的夢幻設計，切割花紋越細緻就越難製作，因此有時要花上5位數字日元才能帶回家。

卡通人物和日本製九谷燒聯乘的「豆皿」醬油碟。九谷是個地名，早期以紅、綠、黃、紫、深藍等「五彩」為主表現出彩繪圖案，色彩鮮艷是最大特點。時至今日，九谷燒發展到有金彩與赤繪（最右邊的 Snoopy 醬油碟和杯子就是赤繪），相信九谷燒會繼續不斷進化呢！

狸貓一家的信樂燒擺設、美濃燒酒樽、酒杯和杯子。狸貓除了可愛，還有特別的意思喔！狸貓的日文（たぬき）諧音有「比他人更出眾」的意思，所以是招來好運的風水物品，而且比招財貓的「能力」更加廣泛！

Flava

來到我很喜歡的帽子屋 Flava。相信大家都知道我很喜歡戴帽子去遮掩油頭，真是超方便又時尚，加上日本人真的很喜歡戴帽子，日常戴也不會覺得浮誇。

店員非常好，幫我找了很多適合我的帽子，這就是其中一頂，我當天買完立即就戴着走啦！

另外還有一大堆超好看的鴨嘴帽，每次試戴前店員都會幫忙調整大小，服務一流。

最搞笑的是，店員說特別好賣的竟然不是帽子，而是太陽眼鏡！¥1210 就有一副，男女適用，顏色和鏡框的選擇也很多，而且還有 UV cut，這麼高 CP 難怪好賣啦！

京都 六角館櫻花堂

原是位於京都的首家熊野筆化妝掃專門店，羽田機場花園分店是首家關東分店。在這裏可以找到追擊少女心的花花胭脂掃，有粉紅、黃、藍三色，以山羊毛製造，手感非常滑。

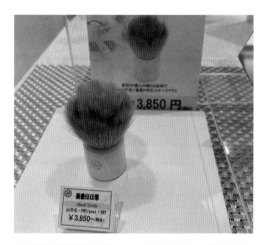

羽田機場花園的限定商品——玫瑰胭脂掃，同樣用山羊毛製造，但價格比花花胭脂掃還便宜一點呢！

不過 Mika 最喜歡的是這個貓貓肉球碎粉掃。它比花花掃更加滑和有彈性，而且可以好好收納在盒子中，這樣就可以帶去旅行和出差啦！大約 ¥3000，很值得帶回家。

Ojico

如果你有小朋友，又喜歡穿親子裝，就一定要來這家店看看！

這家的服飾很多都是成人版和小朋友版配起來就變成一個完整圖案，好 Sweet 啊！

這件飛機和飛機場的組合十分受歡迎，而且跑道還有夜光，好有心思！不過崩口人忌崩口碗，我是不會穿飛機場 Tee 的啦！

Sirotan F park

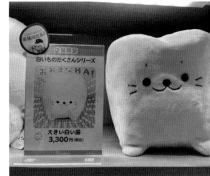

羽田店限定的大白牙海豹小白，笑死我啦～～～

有喜歡海豹小白的粉絲嗎？這裏簡直是海豹小白天國，可能會逛到被拉出來也不願走喔（沒錯就是我）！

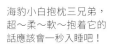

海豹小白抱枕三兄弟，超～柔～軟～抱着它的話應該會一秒入睡吧！

羽田店限定的三款蒸包，有桃子包、Pizza 包和熊貓包。我就很喜歡桃子包，不過三兄弟這麼可愛，完全不捨得分開它們啦！

個人很喜歡的海豹小白啤酒杯，前後花紋不一樣喔！

這個是限定款 Tote bag，海豹小白變身成飛機跟朋友一起翱翔天際，上面還寫着羽田（Haneda）呢！

Tobi Bito Souvenir Tokyo (2/F)

離開羽田參道，就會看到 Tobi Bito Souvenir Tokyo 免稅店。跟剛才介紹主打零食手信的 Tobi Bito Sweets Tokyo 不同，Tobi Bito Souvenir Tokyo 售賣公仔、雜貨等為主，大部分都是大家熟悉的動漫、遊戲、卡通人物，例如吉卜力系列、任天堂系列等。如果是這些角色的粉絲，可以多花時間尋寶啊！特別是市中心旺區的任天堂商店客人多到爆炸，錯過了的話可以在這裏慢慢選購真的很爽。

貓巴士背包好可愛～重點是它是成人用的啊（笑）！

星之卡比系列。

HANEDA COLLECTION

Haneda Collection (2/F)

2/F 走到盡頭就是 Haneda Collection 區，這邊的商店比較女性化，女生們應該會進入購物天堂的結界，男生們嘛，應該結界無效！

Maison de FLEUR

日本年輕妹子超愛的品牌，這裏有羽田店限定的行李袋，在最後一刻爆買時相信能大派用場。上面有個飛機設計，寫着「一場美好的旅程」，回家後看看這袋子一定回憶滿滿！另外袋子上扣着的小兔兔是羽田店限定顏色，不同店會有不同顏色，收集控可以留意。

Maison de FLEUR 羽田店限定的傳統和風配經典蝴蝶結的化妝袋，刺繡布料質感很好，喜歡和風圖案，但又不想常常都是紅噹噹的七福神、風水物設計的話，這個款式就剛好。

同樣是羽田機場限定，設計跟行李袋相同的化妝袋或旅行小包，裏面間隔多，有拉鏈格、幾個小袋子，還有橡筋位，一看就知道好用！

Esthe Pro Labo Haneda Tokyo

日本健康食物品牌，王牌商品有支持斷食法保充身體必要營養和能量的酵素飲品（可以試飲）、酵素酶粉末、桃味骨膠原香草茶等，實行由內靚到外。新手可以由酵素飲品開始試試。

Exgel

主要售賣超好坐的啫喱坐墊和背墊，熱賣商品有隨身攜帶坐墊。有了這個坐墊，經濟艙都變商務艙！帶去上班還可能惹來同事羨慕的目光……管它的！我已經受夠那張硬綁綁的公司椅了！

羽田美食精選（1/F）

逛完 2/F 餓了，可以去 1/F 覓食啦（其實 2/F 也有餐廳，只是 1/F 比較集中，幾乎全層都是）！

不知道有沒有人跟我一樣是路盲，從 2/F 到 1/F 的電梯就在羽田參道旁邊，找了我好久 TT

五代目 花山烏冬

雖然 1/F 餐廳選擇多多，不過我來到這裏，一心只想着吃這家排隊名店 —— 五代目 花山烏冬！

來到店內不難發現這裏的裝潢非常日式，原來跟花山烏冬的出生地群馬縣館林有關。話說「花山」是來自群馬縣館林的「花山公園」，那裏約有 100 種、共 1 萬株花杜鵑花，而在杜鵑花上飛舞的白鶴就有幸福、祈求旅行安全的意思。店家的牆上就繪上了這個景象，寓意旅客在旅途上安全幸福。

老字號花山烏冬的名物「鬼ひも川」烏冬又闊（5cm）又長又薄，曾經一度停產，直到現在的五代目才復刻重現，更連續 3 年獲得「烏冬天下第一決定戰的冠軍」！

鰻魚四代目菊川

在日本有 90 年歷史的老店，以一整條鰻魚放在飯上的「一本重」為賣點，肉質非常柔軟，加上鰻魚的油香，超棒！除了堂食，也有外賣便當，方便趕行程或者想在酒店慢慢品嚐的遊客。

鳥開總本家

發源於名古屋，在東京也有不少分店。主打雞料理，親子丼得到連續 5 年金賞，而雞翼也得到連續 3 年金賞，至於炸雞塊就得到第 6 回大會最高金賞，可說是金牌級雞料理專門店。

今次我點了羽田店限定的花山御膳，烏冬有闊麵「鬼ひも川」和一般烏冬選擇，也有冷熱之分，如果想要狸貓鍋，就一定要點熱啦！日本人很愛吃碳水化合物加碳水化合物，所以除了烏冬，還有兩個羽田店限定的「桝壽司」（我覺得比較像小丼物）可以選擇。我之前已吃過熱烏冬，所以今次就點冷「鬼ひも川」試試看。

為甚麼花山烏冬有不少菜單都是用狸貓鍋上桌的呢？原來日本三大狸傳說當中，其中一個就是群馬縣館林市茂林寺的「分福茶釜」，而通往茂林寺兩旁的路上立著二十多尊狸貓雕像，可說狸貓就是花山烏冬發源地館林的名物。

吃冷烏冬的話，記得要從最中間開始吃，因為最容易乾燥，乾了就很難夾起啦！冷烏冬會配兩款醬汁，一個是芝麻醬，另一個是烏冬高湯。「鬼ひも川」又滑又彈，一口就把整條麵條啜進口中！它很有嚼勁，但是因為很薄，所以不會咬到你蘋果肌發達。芝麻醬比較掛汁，是重口味之選；烏冬高湯比較清淡，用來清清胃口剛剛好。推介大家可以加上黑七味調味，少少辛香就完全改變了烏冬的味道，更有層次。

桝壽司有海老天（炸蝦）及上州椎茸選擇。「桝」是日文字，中文寫作「枡」，是日本傳統酒容器。花山烏冬認為醋飯可以調和烏冬，所以就將醋飯放進桝內，再鋪上天婦羅、冬菇粒和三文魚子等。不得不說吃到一半想轉換口味時，一點醋飯下肚的確非常醒胃。

跟羽田機場第三航廈站只有 1 分鐘距離的「Hotel Villa Fontaine Grand 羽田機場」（住友不動產 Villa Fontaine）於 2022 年 12 月底開幕，Mika 入住時開業還未夠一年，非常新淨整潔。非常推介坐紅眼機的遊客，或是使用羽田機場的遊客入住。

2022 年 12 月 OPEN

HOTEL VILLA FONTAINE GRAND 羽田機場

地 〒144-0041 東京都大田區羽田機場 2-7-1
住 (In) 15:00、(Out) 11:00
交 京急空港線、東京 Monorail 線羽田機場第三航廈站
註 部分相片取自酒店官網

入住手續全部以自助電子機辦理，除了日文還有中、英文，大家不用擔心理解不了。在過程中萬一輸錯資料，就會有張紙提示到櫃枱辦手續，職員會提供協助。

如果有特別需要的物品，例如化妝棉等等，可以在大堂拿取。

如果想住得豪華、和風一點，我推介和洋室，有舒適的床鋪（年紀大了睡榻榻米地鋪會腰痛），又有和室特有的障窗、小矮桌和座墊，還有新式正方形榻榻米地板，和牆壁上的櫻花圖案，讓人感受到「我來到日本啦」。

洗手間是非常簡單的衛浴，沒有乾濕分離這一點我覺得有點可惜，畢竟是剛剛開幕的酒店，不過也有可能是考慮到客人會到溫泉大浴場洗澡，才放棄日本新酒店都有的浴廁分開？

今次我住的客房比較簡單，但沙發超大的！房間算是寬敞，要打開兩個行李箱都完全沒問題。

來到戲肉「泉天空之湯」啦！預約酒店時，可以選擇附有溫泉券的住宿套餐，錯過了的話，直接來 Walk in 也可以，甚至不入住酒店，只泡溫泉也可，不過這樣不太划算，個人並不推薦。

泉天空之湯屬展望式天然溫泉，天氣好的話，可以看到富士山和飛機，所以推薦大家早上來看看能否見到富士山。外湯有個淺淺的臥湯，對於想久泡又怕熱的朋友十分適合，不過小心不要睡着喔！另外這裏有熱池和暖池，很怕太熱的我表示好開心。內湯除了天然溫泉，還有按摩浴池和碳酸泉，疲勞統統走！

日本現在大流行焗桑拿，泉天空之湯裏有兩種桑拿，一種是一般的乾式桑拿，另一種是我第一見的漢方蒸桑拿，感覺較多蒸氣，整個房間濕濕的。

非住客入浴入館費：
成人：¥4800（附擦臉毛巾、浴巾、館內便服、岩盤浴）
兒童：¥2000（附擦臉毛巾、浴巾）

ニューオープンスポット！

東京

2024~25 最新版

旅遊新情報

著者
Mika

責任編輯
蘇慧怡

裝幀設計
鍾啟善、羅美齡

排版
楊詠雯、辛紅梅

出版者
知出版社
香港北角英皇道 499 號北角工業大廈 20 樓
電話：2564 7511　　傳真：2565 5539
電郵：info@wanlibk.com
網址：http://www.wanlibk.com
　　　http://www.facebook.com/wanlibk

發行者
香港聯合書刊物流有限公司
香港荃灣德士古道 220-248 號荃灣工業中心 16 樓
電話：2150 2100　　傳真：2407 3062
電郵：info@suplogistics.com.hk
網址：http://www.suplogistics.com.hk

承印者
美雅印刷製本有限公司
香港九龍觀塘榮業街 6 號海濱工業大廈 4 樓 A 室

出版日期
二〇二四年一月第一次印刷

規格
16 開（240 mm × 170 mm）